AO BRASIL, COM AMOR

JAMIL CHADE
JULIANA MONTEIRO

AO BRASIL, COM AMOR

Correspondência originalmente publicada na *Revista Pessoa*
entre setembro de 2021 e julho de 2022.

autêntica

Copyright © 2022 Jamil Chade e Juliana Monteiro

Todos os direitos reservados pela Autêntica Editora Ltda. Nenhuma parte desta publicação poderá ser reproduzida, seja por meios mecânicos, eletrônicos, seja via cópia xerográfica, sem a autorização prévia da Editora.

EDITORA RESPONSÁVEL
Rejane Dias

PROJETO GRÁFICO E CAPA
Diogo Droschi

EDITORA ASSISTENTE
Rafaela Lamas

DIAGRAMAÇÃO
Waldênia Alvarenga

REVISÃO
Aline Sobreira
Julia Sousa

FOTOGRAFIAS DAS PÁGINAS 8 A 17 E 134/135:
Arquivo dos autores

Dados Internacionais de Catalogação na Publicação (CIP)
(Câmara Brasileira do Livro, SP, Brasil)

Chade, Jamil
   Ao Brasil, com amor / Jamil Chade, Juliana Monteiro. -- 1. ed. -- Belo Horizonte, MG : Autêntica Editora, 2022.

   ISBN 978-65-5928-219-7

   1. Cartas brasileiras I. Monteiro, Juliana. II. Título.

22-122456   CDD-B869.6

Índices para catálogo sistemático:

1. Cartas : Literatura brasileira   B869.6

Aline Graziele Benitez - Bibliotecária - CRB-1/3129

Belo Horizonte
Rua Carlos Turner, 420
Silveira . 31140-520
Belo Horizonte . MG
Tel.: (55 31) 3465 4500

São Paulo
Av. Paulista, 2.073 . Conjunto Nacional
Horsa I . Sala 309 . Cerqueira César
01311-940 . São Paulo . SP
Tel.: (55 11) 3034 4468

www.grupoautentica.com.br
SAC: atendimentoleitor@grupoautentica.com.br

A Anita, Marc, Gael e Pol.
Para que construam utopias bonitas e
nunca deixem de se importar.
Que saibam ser bem-vindos,
que as fronteiras sejam contornos gentis e não limites,
que o outro seja uma festa,
que reconheçam os encontros da travessia
e participem da construção.

Com amor · 19
Renato Janine Ribeiro

Temos que escrever
alguma coisa juntos · 25

Nada voltou ao normal · 29

A morte não é a única certeza · 37

Existir em um corpo-de-mulher · 45

Uma ficção como qualquer
outra nacionalidade · 55

O encantamento do divino
sem as bobagens do sagrado · 66

Quem morre de fome no
século XXI, morre assassinado · 77

O tema de todas as épocas · 87

A democracia é uma promessa · 99

O maior roubo da história · 109

Vamos? · 120

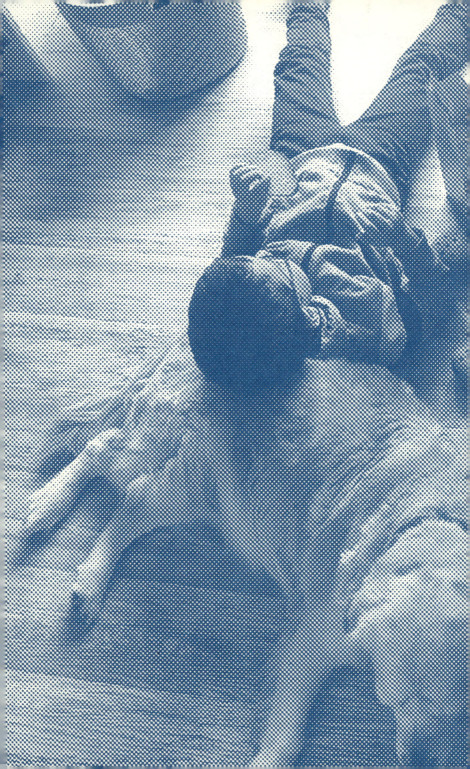

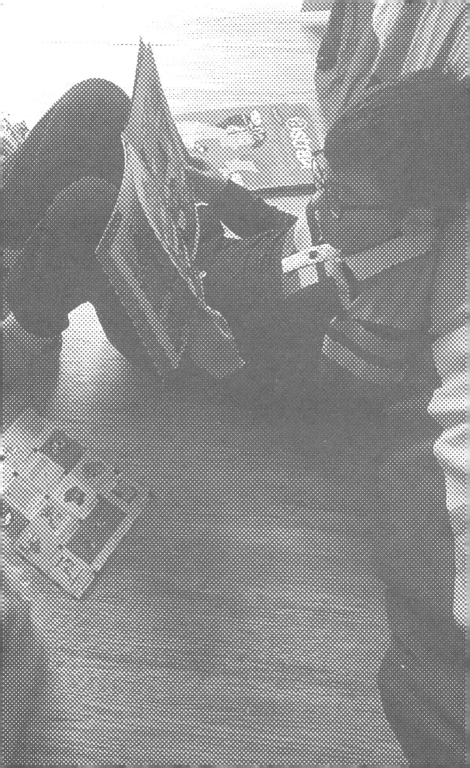

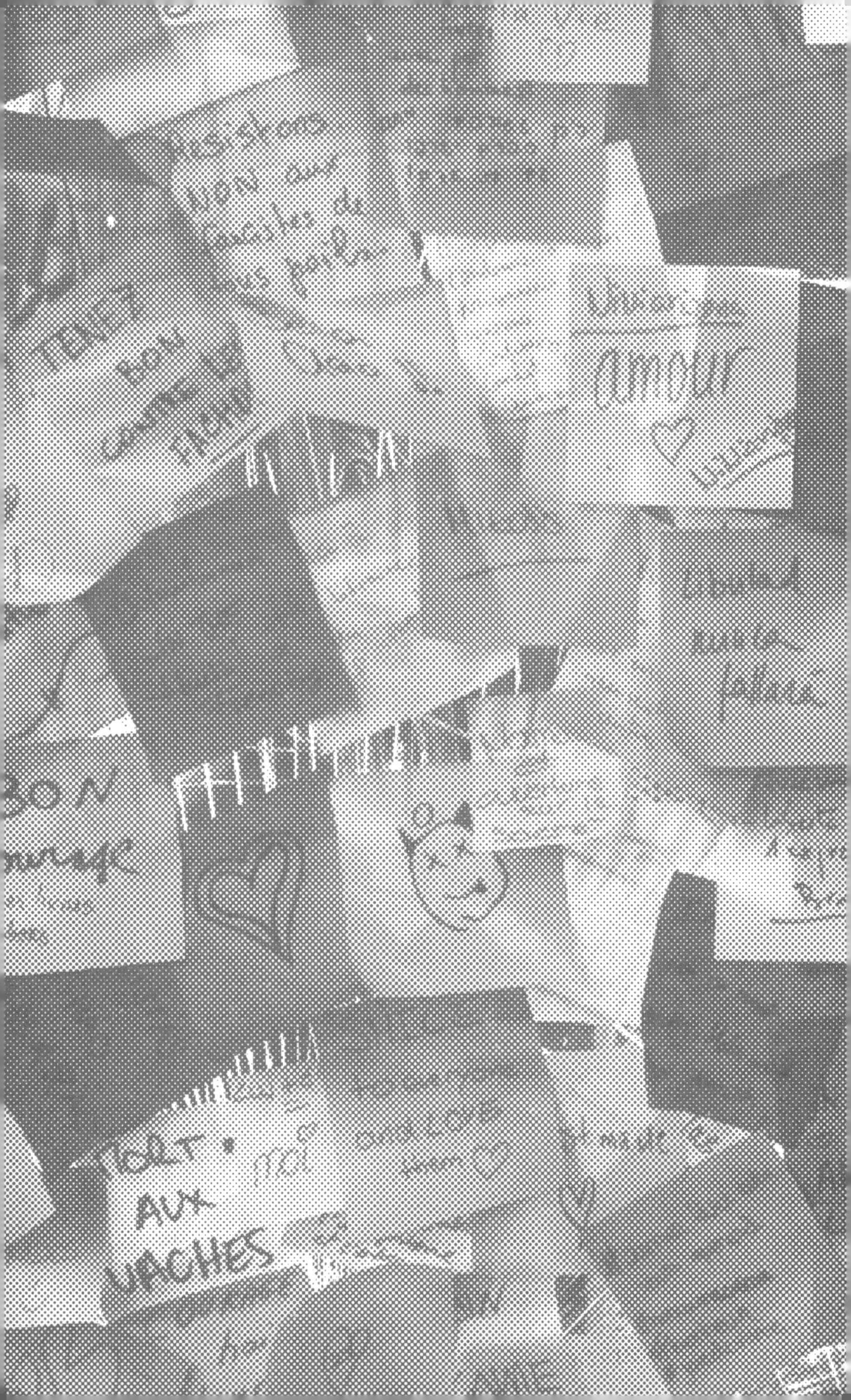
AMOUR
AUX
VACHES

Com amor

Renato Janine Ribeiro

Amor é uma palavra onipresente em nossa sociedade. É um dos instrumentos mais poderosos do marketing atual. Amor vende quase qualquer produto. Mas por isso mesmo é importante saber o que ele quer dizer. Os estudiosos se dividem entre os que sustentam a existência de um "verdadeiro amor" e os que aceitam que haja vários tipos dele.[1] A primeira distinção talvez seja entre um amor erótico, predatório no limite, e um amor dedicado, que no seu limite é doação, é o amor materno pelo filho. Não por acaso, nesta bela troca de cartas, tanto Juliana Monteiro quanto Jamil Chade falam da experiência que tiveram ao nascerem seus filhos.

Juliana tece uma oposição entre maternidade e guerra. Vingar, diz ela, para uma mãe, é ver seu rebento vingar, como dizemos de uma planta: é consolidar-se como ser vivo. (É muito diferente, praticamente o oposto, de vingar-*se*). Mães temem, por dias ou meses, talvez anos, que algo de ruim suceda a seu filho. Felizmente, acrescento eu, a mortalidade infantil despencou no último século, mercê especialmente da saúde pública, da água potável e do tratamento dos esgotos. A morte de crianças caiu,

---

[1] Ver Alexey Dodsworth, *Os seis caminhos do amor,* 2013.

por milhar de nascimentos, de três dígitos para apenas um. Pais não precisam mais ter inúmeros filhos para que sobrevivam um ou dois que, por sua vez, os amparem na velhice. Jamil fala do receio que teve, ao nascer seu filho Pol, de perdê-lo. Lembrei-me de Montaigne contando que teve "dois ou três" filhos que morreram em tenra infância. Comentando essa passagem, o historiador Philippe Ariès observa[2]: qual pai, hoje em dia, não saberia se foram duas ou três as crianças que morreram na idade de 1 ou 2 anos? Haveria uma frieza maior naquela época ou simplesmente era tão comum a mortalidade infantil que já era aguardada a perda, e a memória se adaptava a ela?

Usualmente, quando falamos em amor, a tendência é distingui-lo da paixão. As definições clássicas de amor o identificam a querer o bem da pessoa amada – o que tem tudo a ver com o amor aos filhos, que antes mencionei. Mas o sentido usual de amor, na cultura atual, como a telenovela e a canção popular, está mais próximo do desejo sexual. Ora, este almeja o bem do amante mais que o da pessoa amada (ou desejada). Crimes passionais são justamente isso: se ela não vai ser minha, que morra. Minha primeira orientadora, dona Gilda de Mello e Souza, se indignou quando Doca Street assassinou Ângela Diniz no final de 1976. E me disse algo assim: crime passional é uma farsa; para acreditar que um homem não possa viver sem a pessoa que ele diz amar, a lógica seria que ele se matasse. Matá-la e sobreviver mostra muito bem que esse suposto amor era mentira. Não era o querer bem ao outro, mas o desejo de dominá-lo.

---

[2] Em seu *História social da criança e da família,* tradução do original francês *L'enfant et la vie familiale sous l'Ancien régime.*

Ora, somos inundados por uma mídia que apresenta o amor como sendo desejo, como sendo sexo. (Por isso mesmo tenho insistido em que, se é preciso termos educação sexual nas famílias e nas escolas – até para evitar a gravidez indesejada, o abuso sexual e a transmissão de doenças, inclusive fatais –, faz tanta ou mais falta educar para o amor).

***

Falar de amor num tempo de ódio é prioritário, como dizem de vários modos nossos dois autores. Vivemos, entre 1980 e 2010, trinta anos gloriosos – não como os após a Segunda Guerra Mundial, cuja glória esteve no desenvolvimento econômico dos países mais ricos e na formatação de um Estado do bem-estar social, mas como os do combate à fome e do avanço da democracia nos países mais pobres, entre eles o Brasil. Saímos, em 2013, do Mapa da Fome, ao qual lamentavelmente voltamos nos governos seguintes. Parecia vitoriosa a luta pela democracia. Poderíamos imaginar a grande regressão que depois veio? Poderíamos acreditar que pessoas queridas, até parentes nossos, viriam a apoiar governos que querem a morte de tantas pessoas, inclusive de seus consanguíneos ou amigos de infância?

Não por acaso, Juliana e Jamil insistem no papel democrático do amor e das paixões a ele correlatas, como a amizade. Lembro uma passagem de Jorge Luis Borges, quando evoca a homenagem de um guerreiro medieval ao inimigo morto. Lembro também uma observação atribuída a Margaret Mead, que data a humanidade (no sentido figurado e não como espécie, como qualidade ética) do osso humano que se recompôs de uma fratura: foi preciso haver quem cuidasse do ferido, quem o amparasse, até ele cicatrizar-se do machucado.[3] Noto que, nos últimos meses, me deparei várias vezes com essa referência ao comentário, genuíno ou não, da grande antropóloga. Quer dizer que cresce a esperança na ideia de que a humanidade, enquanto espécie humana, tenha a possibilidade de recuperar a humanidade enquanto sentimento de compaixão e prática de cooperação.

Ou lembremos a questão da ética do cuidado, levantada umas décadas atrás por Carol Gilligan. Ela parte de uma experiência proposta por seu mestre Kohlberg sobre o desenvolvimento moral da criança. Kohlberg colocava cada criança diante de um problema: a mãe dela estava à beira da morte, dependia de um remédio caríssimo para se curar, e o farmacêutico se recusava a dá-lo a ela. O que fazer então? Assim posta a questão, ela praticamente determina uma resposta ao modo de Antígona: a ética exige quebrar a lei. Dessa maneira respondiam os meninos, mas não as meninas, que insistiam em tentar persuadir o farmacêutico. Kohlberg disso inferiu uma deficiência das meninas na compreensão do problema – e do que ele chamou de ética da justiça –, mas Gilligan o contestou. O que elas expressariam seria uma ética do cuidado, um conjunto de valores em torno da convicção de que seria possível uma solução pelo acordo, não pelo confronto, não pelo corte (lembrando que *decisão* contém *cisão*, corte, no seu âmago). O modo masculino de ver as coisas seria incisivo, cortante; o feminino seria englobante, includente.

---

[3] Embora seja frequente a citação dessa passagem, ao que parece a fonte não é a própria Mead, mas uma referência a ela em Paul Brand, *Fearfully and Wonderfully Made,* 1980, p. 68, em que o autor alega tê-la ouvido dizer isso numa conferência, da qual não refere data nem local. Mas, autêntica ou não a autoria de Mead, o que importa aqui é o conteúdo.

Ora, o avanço do papel das mulheres na sociedade atual não será sinal do que podemos chamar uma feminização crescente de nossa cultura? Notem que, ao contrário do que algumas autoras criticaram em Gilligan, nada disso supõe predicar uma essência masculina ou feminina, uma natureza belicosa do homem ou compassiva da mulher. Podemos seguir sua intuição entendendo-a como uma simples referência a papéis construídos ao longo dos milênios e que foram identificados a dois suportes diferentes, um o dos cromossomos XX e outro dos XY, mas podem estar presentes em homens e mulheres.

Se recuarmos no tempo, veremos que na sociedade medieval as mulheres, ou o feminino, desempenharam papel importante na adoção de costumes mais cuidadosos e respeitosos, processo que Norbert Elias chamou de *civilizar os costumes*. Foi a presença delas que levou, por exemplo, às maneiras modernas, como não cuspir na mesa (ou à mesa), não tomar a sopa diretamente da sopeira, não assoar o nariz sobre os pratos em que se servia o alimento. Esses cuidados, que hoje às vezes são associados, retroativamente, a intuitos higiênicos, na verdade se originaram de formas de respeito. Era respeitoso em relação ao outro, e em especial à mulher, abster-se de práticas que suscitassem o incômodo ou, mesmo, o asco.

A mulher era o outro por excelência. Pretendia-se agradá-la, conquistá-la: por isso, aqueles machões medievais, comparáveis a fazendeiros grosseiros de um Brasil que felizmente foi desaparecendo, a um Paulo Honório como o que Graciliano Ramos coloca em cena no seu *São Bernardo*, adotam modos que eles imaginam causar prazer às mulheres, e que seriam os delas. Por isso, faz sentido pensar aqui no amor materno: o amor que Juliana e Jamil dedicam ao Brasil é um amor de mãe.

É nosso país um filho? Todo país o é. Nenhum país é uma essência prévia a seus cidadãos. Toda pátria, ou mátria se assim preferirmos, é uma criação constante do afeto. Em português, chamamos de *criança* a pessoinha que estamos criando. Criar, em nossa língua, não é um ato fulgurante, instantâneo, como a criação divina do mundo a partir do nada, na versão judaico-cristã. É um trabalho longo, com muito afeto investido, que dura dez anos ou mais. Até pouco tempo atrás, por sinal, era uma tarefa da mãe, mais que do pai. E não é fortuito que o ódio que nestes últimos anos tomou conta de nosso país, e de tantos outros, nas mãos da extrema-direita tenha tanto a ver com um retorno furioso do machismo. Há homens que se sentem estranhos, perdidos num mundo em que perderam os privilégios que tinham por tão só haverem nascido num determinado sexo, classe, orientação sexual: e com o declínio da democracia desde a crise econômica iniciada em 2008, eles se consideraram autorizados a vingarem-*se* daqueles que se atreveram a se colocarem como seus iguais, pior que isso, a pensarem que podiam lhes ensinar algo novo e diferente. Mas é esse o caminho do futuro, o dos diferentes, do "outro por excelência", como foi a mulher por milhares de anos: e por isso Juliana e Jamil, querendo ambos devolver amor a um país que foi pilhado pelo ódio, escrevem ao Brasil (e sobre o Brasil) a partir da alteridade europeia, mas com um coração de quem se dirige a uma criança amada.

Agosto de 2022.

Temos que escrever alguma coisa juntos

Quando li a mensagem do Jamil dizendo "temos que escrever alguma coisa juntos", eu, filha de cariocas, escutei como aquele "passa lá em casa", que não é absolutamente um convite, mas uma forma bem brasileira de despedida e manifestação de apreço, sem maiores consequências. Respondi que iria rascunhar alguma coisa, o equivalente a dizer "até logo" e agradecer o prazer da conversa.

Mas Jamil leva a sério os compromissos. Algumas semanas depois, ele tinha um projeto tão simples quanto bonito. Iríamos trocar cartas. Os temas seriam aqueles que estivessem nos mobilizando no momento, sem roteiro, sem combinados.

Nos meses seguintes, não foram raras as vezes em que me peguei pensando "tenho que escrever isso para o Jamil".

Em comum, tínhamos o Brasil e a língua portuguesa. A estrangeiria e as saudades. Filhos com a mesma idade e a angústia de vê-los crescer em um mundo tão em desacordo com nossas utopias. A mesma profissão e a trincheira da palavra escrita. De resto, sabíamos muito pouco um do outro e nunca havíamos nos encontrado pessoalmente. Ou presencialmente, para usar o advérbio que guiou as esperanças dessa temporada.

Faltava o meio para levar a correspondência de Roma, onde moro, e Genebra, onde vive o Jamil, para o Brasil, que era onde queríamos chegar. E foi a partir de Lisboa, reduto de nossa língua na Europa, pelas mãos e pelo coração de outra brava conterrânea, que nossas garrafinhas foram lançadas ao mar pela primeira vez. Por meio da *Revista Pessoa*, cujo nome homenageia o poeta que chamou de pátria a língua portuguesa, atravessamos juntos o Atlântico em uma temporada das mais desafiadoras. E agora, nas páginas deste livro, refazemos a travessia.

Recebi a primeira carta do Jamil, recém-imunizada, em pleno verão europeu, quando pudemos, finalmente, *andare al mare*. Estávamos ainda atordoados pela experiência extraordinária da pandemia da covid-19 e testávamos, com a pontinha dos pés, a temperatura do mundo pós-vacina.

Na última, embora estejamos vencendo a pandemia, testemunhamos mais uma guerra na Europa enquanto nos preparamos para eleições que, como escreveu Jamil, irão definir quem somos nós, os brasileiros.

Por quase um ano, Jamil me ajudou a romper a solidão barulhenta do exílio, dividiu comigo as dores e as delícias de sermos brasileiros e a recusa de "adiar para outro século a felicidade coletiva", como escreveu Drummond. O confinamento provocado pela pandemia acresceu o valor de cada dia, e temos pressa.

A democracia, o Estado de Direito, a justiça, a paz, a alegria, as instituições, a cultura e tudo que constitui o que chamamos de sociedade é uma construção coletiva. Do coletivo dos seres humanos, daí a complexidade, os perigos e também a graça.

Talvez seja essa a motivação dessas cartas. Se eu pudesse pintar meu sentimento ao fim de cada troca com Jamil, seria com os versos de "Tecendo a manhã", um dos poemas que carrego no bolso. João Cabral de Melo Neto nos diz que "Um galo sozinho não tece uma manhã:/ele precisará sempre de outros galos./De um que apanhe esse grito que ele/e o lance a outro" e assim por diante. Eu adoro essa imagem. Gosto quando o poeta diz que um "precisará sempre" do outro, do próximo, de quem está perto o bastante para escutar e, assim, fazer seu grito seguir adiante. Até que sejamos todos. Ou pelo menos o suficiente para a ambiciosa tarefa de amanhecer.

Termino ecoando o grito com que meu companheiro nessa jornada encerra o livro, com a esperança de que o leitor também grite adiante o convite, "para que a manhã, desde uma teia tênue, se vá tecendo, entre todos os galos": Vamos?

Com amor,

Juliana

Nada voltou ao normal

Genebra, 1º de setembro de 2021

Estimada Juliana,

Escrevo-te enquanto noto, a cada fim de dia, que o verão europeu se aproxima de seu adeus temporário. Nesses meses de um calor sufocante, sentimos também o vento da liberdade no rosto. As medidas de restrição – tão necessárias – foram flexibilizadas. As fronteiras foram reabertas, pelo menos para alguns. Nada voltou ao normal. Talvez nunca mais volte. Mas certa memória da autonomia de nossos corpos foi restabelecida no comando de nossas ações.

O verão termina com praticamente todos nós, adultos, vacinados na Europa. Um acontecimento praticamente inédito na ciência, por sua velocidade. A pandemia não acabou. Ainda vemos mais de 4 milhões de novos casos por semana pelo mundo. Mas as mortes dão sinais de queda nos países onde a prioridade foi salvar vidas. É justamente esse sentimento de reencontro com a liberdade que me deixa indignado. Não por ela ter sido recuperada. Mas por ela ter fronteira, ter nacionalidade, ter cor. O mundo, em pleno século XXI, repetiu sua eterna história de injustiça, privilégios e egoísmo.

Indignação também por vermos que, do outro lado do oceano, essa não é a realidade do nosso país, o Brasil.

Com ampla experiência em vacinas, com uma rede de imunização que serve de exemplo ao mundo, com cientistas de ponta e com gente disposta a ir às profundezas do país para distribuir doses, nós ainda vemos, sentimos e cheiramos a morte. Nada disso era inevitável.

Mas essa não é uma carta-denúncia contra um governo. Nem um desabafo enviado a você, em Roma. Escrevo-te para pedir ajuda em encontrar caminhos, uma obsessão minha neste momento.

Temo que, conforme nossas asas vão se reacostumando a voar, a amnésia coletiva volte a se instalar. Claro, a vida é espetacular. Voltar a dançar, viajar, se abraçar, se aglomerar por uma partida de futebol ou qualquer outra desculpa representa uma sedução do espírito incapaz de ser freada. E nem deve. Mas e se isso tudo colocar uma sombra conveniente sobre o que ocorreu nesses últimos dois anos? E se optarmos por, deliberadamente, só tocar a vida? Locais que atravessaram genocídios e atrocidades já viram esse fenômeno ocorrer. Nada disso é novo. E por isso me preocupa.

Num mundo de poucos, não foi o vírus que venceu. Mas a ganância. A ganância da China por não ser afetada em seu percurso para se consolidar como a superpotência do século XXI. A ganância dos nacionalistas que esvaziaram as prateleiras de vacinas e deixaram grande parte do mundo em desespero. A ganância da corrupção para furar a fila do oxigênio. E a ganância de se recusar a abrir mão da patente das vacinas, um monopólio mantido nas mãos de poucos para um produto que deveria ter sido declarado como um bem público universal.

No Brasil, a ganância de populistas que mentiram para suas populações – e mataram – para permanecer no poder foi um dos capítulos mais amargos de nossa história repleta de crimes e injustiças. No fundo, a pandemia foi uma história da ganância, da competição e da sobrevivência do mais forte. E por isso a resposta fracassou.

Mas, ironicamente, há um aspecto da pandemia que pode mudar de uma maneira decisiva a vida de nossos filhos, Gael, Anita, Pol e Marc, nos desafios que enfrentarão nas próximas décadas. E ele veio em forma de perguntas: e se for a cooperação que garante a sobrevivência da espécie, e não a competição?

Como explicar que tantos "líderes fortes" tenham desmoronado durante a crise? O ser mais forte é, de fato, resultado apenas de suas ações individuais? O que garante a segurança de uma sociedade: sua arma individual ou um sistema coletivo de saúde? Enfim, e se os intérpretes de Charles Darwin estiverem errados?

Naquele momento, a tese da adaptação, desenvolvida pelo viajante mais ilustre do *Beagle*, foi alvo de uma forte influência de Adam Smith e da ideia de que a ordem na sociedade e seu avanço viriam da concorrência entre indivíduos. Não por acaso, não foram poucos os que não perderam tempo em fazer uma tradução livre e equivocada de sua teoria para o capitalismo.

Hoje, estudos começam a apontar de uma forma cada vez mais convincente que a sobrevivência numa floresta não depende da lei do mais forte. Mas de cooperação, de troca, de negociação, de reciprocidade e de solidariedade, inclusive entre diferentes espécies. Para alguns, o que realmente marca uma floresta não é a concorrência. Mas a interdependência.

Juliana, a meu ver, a pandemia é, em parte, uma constatação dessa realidade. Quando eu descubro que a vida daqueles que eu amo depende de eu garantir que a vacina chegue ao meu adversário, é no fundo um paradigma que está sendo em parte enterrado. Quando existe a constatação de que um povo apenas vai sobreviver se o vizinho for protegido, não há como argumentar que a lei do mais forte é a que define a humanidade.

Olhando ao que ocorre no Brasil, mais especificamente, considero que chegamos a um limite. O luto que precisamos fazer é como sociedade, justamente para erguer algo novo. Sem um luto coletivo, a atual crise civilizatória vai voltar para nos assombrar. Sem um luto consciente, os espíritos daqueles que se foram nos cobrarão, e, no futuro, livros de história vão constatar: aquela geração fracassou.

Uma sociedade brasileira que não for fincada na convicção de que terá de garantir o direito dos demais jamais completará a construção de sua democracia. A cooperação, e não a competição, é o que assegurará a paz social.

A pandemia provavelmente é um dos últimos alertas claros de que o atual modelo é insustentável. Para o Brasil e para o mundo. A crise climática – que já faz mais refugiados que guerras – será o verdadeiro desafio do século XXI, com repercussões reais para a democracia, o tecido social e a mera sobrevivência. E, para enfrentá-la, teremos de construir as respostas a partir de uma nova base. Aquela que herdamos está esgotada.

Aguardando tuas reflexões sobre essa reinvenção do futuro, desejo a você as duas melhores armas que eu encontrei para atravessar este momento: amizades sólidas e indignação.

Saudações genebrinas,

Jamil

Roma, 2 de setembro de 2021

Querido Jamil,

Hoje Anita perguntou: "Mamãe, estamos no Brasil ou em Roma?".

É uma dúvida estranha, ela tem quase 7 anos, é alfabetizada e esperta. Respondi, segundo a perspectiva geográfica, que moramos em Roma, a cidade onde ela nasceu. Pareceu satisfeita e voltou para os unicórnios. Quando sua carta chegou, eu ainda pensava que não é tão simples responder onde estamos, principalmente depois da internet, das redes e de tudo o que passamos no último ano e meio. Sobretudo quando vivemos em dois fusos. Quantas vezes por dia você é capaz de responder, honestamente e sem vacilar, onde você está?

Agora mesmo estou dentro da sua carta, situada no verão pós-vacina europeu, olhando daqui a terra arrasada em que se transformou o nosso país, dividindo contigo a indignação e o desejo de encontrar caminhos. Mas, havia pouco, estava no Brasil. Recebi a notícia da intubação de um primo querido, por covid-19, no Rio. Ele é jovem, apenas 37 anos, forte, nenhuma comorbidade, sem vícios, uma exceção que rompe certa apatia que nos abate nesse interminável luto.

É comprovado cientificamente que ninguém sente tanta saudade da própria terra quanto o brasileiro, talvez eu tenha culpa da confusão de minha filha e o desterro seja um legado inevitável do qual ela ainda vai se queixar ao analista. Vai contar que a mãe estrangeira, como se não bastassem o Belchior, a farofa e a tapioca, torturou sua infância com uma permanente indignação com o presidente genocida destruidor de futuros, e o Brasil era distante apenas os 10 centímetros azuis que ela pode medir no mapa com o qual tento localizar nossos corpos no mundo, já que o coração tem moradas que nem o Google reconhece.

É verdade que não podemos medir as distâncias como antes.

Lembro que numa quarta-feira a Lombardia tinha a emergência com um novo coronavírus. Na quinta, meus filhos voltavam da escola romana para ficar em casa pelos próximos seis meses. Duas semanas depois, 850 milhões, metade das crianças do mundo, estavam sem aulas. Não precisamos de mais para entender que estamos conectados e somos interdependentes uns dos outros. Nossa geração terá de fato fracassado se não for capaz de reconhecer que não há saída que não passe pela reconstrução de uma resposta coletiva aos desafios de hoje e àqueles que virão logo ali, quando a Groelândia ficar tão próxima quanto Wuhan.

Gosto quando você escreve que a vida é espetacular, temos de mostrar isso às crianças, para que elas jamais se satisfaçam com a segurança de uma arma sob o travesseiro ou a liberdade de correr de um muro a outro. Espero que a pandemia as tenha ensinado o que nossa geração parece endurecida demais para compreender: liberdade, e seu negativo, a segurança, embora sejam demandas do espírito, não são qualidades do indivíduo, como gostam de afiançar nossos sistemas reprodutores de desigualdades, mas conquistas instáveis e delicadas da sociedade.

Respondendo sua provocação sobre Darwin, que triste se é esse o entendimento que a inteligência que nos distingue produziu depois de tanta evolução. A competição como premissa, nações sobre nações, indivíduos sobre indivíduos. Eu gostaria de pacificar o conceito de força como aquilo capaz de produzir e suportar elos.

Desculpe se não pareço otimista conforme minha natureza. Há muito ruído, muita *fake*, muito filtro. A realidade nos autoriza apenas o otimismo da vontade, seguindo a recomendação do escritor francês Romain Rolland, mas é preciso cultivar o pessimismo da inteligência. Organizar a revolta em torno da evidência de que qualquer mudança somente virá da luta dos que sofrem e dos que se importam. O otimismo do copo meio cheio serve à indiferença, que é o crime odioso dos inocentes. Gente como eu e você, Jamil. É preciso estar sempre em pontas de bailarina para enxergar por cima dos privilégios ou sucumbir à sombra conveniente que nos empurraria a tocar a vida sem elaborar, coletivamente, o terrível dessa experiência.

Estou voltando do litoral europeu. Praias lotadas, comércio sem restrições, aglomeração por todo lado, beijos e abraços, cantoria, o vento da liberdade que você mencionou. Uma vez que a lei virou recomendação, muita gente relaxou os protocolos e festou, como sempre, enquanto eu sigo de *mascherina*, fugindo de aglomerações e lugares fechados, procurando o ponto mais vazio da praia, o que poderia dar em uma amargura imensa. Mas sou sensível à beleza e comovida com o encontro. No segundo dia, já não consentia sustentar a crítica, fui tomada por uma irresistível compaixão. O que pode indenizar os 17 anos daqueles jovens bonitos? Ou os 10 anos de nossos filhos mais velhos? Os nossos 40 e poucos? Os 90 que a avó completou sem abraço de neto? Escolhi julgar os governos antes de maldizer as pessoas, uma maneira um tanto desajeitada de resolver minhas questões éticas, mas é com os chefes, sobretudo os eleitos, que gasto meu fígado: esse é o trabalho deles.

Uma vez, diante do resignado "cada um tem a sua hora", a mãe de uma amiga ironizou que, "sim, claro, mas a hora no sertão da Paraíba chega antes daquela dos Jardins".

Como você disse, praticamente todos os adultos estão vacinados na Europa. Meu primo, no Brasil, não. No dia que seria o seu, as doses acabaram. Tentou a xepa, mas tampouco conseguiu e, então, a covid-19, depois de um ano e meio de cuidados. A negligência e a ganância dos que não se importam são manufaturadas em doença ou mortes evitáveis. Centenas, milhares, números que rolam já frios pelas manchetes, mas, de vez em quando, é o primo querido de alguém. Lembro-me de uma enfermeira insuportavelmente desperta que, no começo disso tudo, disse: "Se morre sua mãe, o percentual de letalidade da covid é de 100%".

É verdade que nada voltou ao normal. Talvez não se trate de quando, mas de como seremos normais daqui pra frente. Reescrevo sua frase e, em vez de lamentar, sinto o quentinho familiar da esperança. Então, será com a brasa quase fria do velho otimismo vulgar que encerro esta carta.

Nada voltou ao normal.

Meno male, melhor assim.

Um abraço desde Roma,

Juliana

A morte não é a única certeza

Roma, 2 de outubro de 2021

Querido Jamil,

Há semanas quero te falar de um brasileiro que não me sai da cabeça. Reginaldo é negro, tem 50 anos e mora em São Paulo. Na fotografia que ilustra o depoimento, aparece uniformizado de azul, dentro de uma cova, com a enxada nas mãos. É seu trabalho, enterra quem já morreu. Abaixo da imagem, podemos ler a breve autobiografia que já é um epitáfio: "Não realizei sonho nenhum. Só comi e vivi".

Há muito, Jamil, não leio nada tão triste.

Ali pelo fim do segundo mês de *lockdown*, estive muito angustiada. Para além do luto, do medo, do confinamento e da incerteza, me doía um tipo de lucidez de hospício, de quem anuncia como extraordinário o comezinho que todos estão cansados de ver. Sabe aquelas ilusões de ótica em que olhamos um quadrado monocromático por alguns segundos até que – *ecco*! – conseguimos ver, perfeitamente, um leão ou um urso? E não entendemos como era possível não enxergar o contorno e a fúria tão óbvios agora? Isolada, com minha família, de repente, vi que todos – até eu! até meus filhos! – iríamos morrer. E agora, mesmo quando tento me alienar no monocromático do dia, não posso evitar um tipo de incontinência existencial, que não é nostalgia do vivido, não há tempo para isso, mas desejo por tudo que ainda pode caber, de vida, no tempo que supostamente me resta. Sei que outros sentiram-se assim, mas, até saber de Reginaldo, não tinha pensado nessa angústia como privilégio de classe.

Ele recebe 997 reais por mês, não faltou a nenhum dia de serviço, passa a pandemia no cemitério onde mal notou aumento no movimento, porque é em bairro de bacana, de quem pode se cuidar. Um enterro chega a custar 50 mil reais. Se pudesse reduzir ainda mais suas necessidades e deixasse, finalmente, de comer, passaria, com sorte, quatro anos abrindo sepulturas para juntar esse valor. Ele é pobre. Lenha para queimar em um sistema que ora usa, ora descarta pessoas como se fossem coisas e lhes tira tanto, até que não reste nem sequer imaginação, sem a qual não se pode nem sofrer direito.

Adorno escreveu que onde o espírito do mundo está em crise, as pessoas são incapazes de desempenhar seu próprio tamanho, ficam aquém de si mesmas. Se os afetos cultivados na sociedade são determinantes do que ela será capaz de criar, deveria ser preocupação do Estado que Reginaldo não possa sonhar. As elites deveriam ocupar-se dos sonhos de Reginaldo se querem um país próspero para seus próprios filhos.

Em outro texto, "Educação após Auschwitz", Adorno defende que estudemos diligentemente os responsáveis pelo Holocausto para que possamos reconhecer as condições que transformam pessoas pouco amantes e mal-amadas – sim, é preciso certo déficit de amor – em assassinos, mas, adverte, "em nenhuma hipótese poder-se-ia aplicar qualquer procedimento semelhante a seus próprios métodos para aprender como eles se tornaram do jeito que são". Esse entendimento é uma preciosidade delicada. Não nos tornar, nem mesmo anistiados pelas mais nobres intenções, reprodutores do ódio, mas reciclá-lo em uma educação cuja premissa de que Auschwitz não se repita seja a primeira de todas as exigências, como anota o alemão logo na abertura do ensaio. Impedir que se criem as condições para a barbárie. Precisamos desse compromisso no Brasil pós-Bolsonaro, que, oxalá, há de insurgir.

Ontem, enquanto caminhava com meus filhos pelo centro histórico sujo demais para a cidade-fim de todos os caminhos, voltei a pensar em Reginaldo. Numa ruazinha estreita, no meio da confusão de Roma, uma pessoa também revolveu o chão, mas, dessa vez, fez um canteirinho. Alguém teve a esperança de cercar uma esquina com as pedras soltas do caminho e ali plantar quatro ou cinco espécies discretas, presas a varetas para lhes dar intenção e estima, organizadas com ternura, vê-se. Não são plantas de comer nem de curar, de modo que a função desse canteirinho surpreendente é das mais altivas: ser beleza no caminho.

Nada sei do jardineiro romano, mas, para plantar um canteiro no meio da rua, é preciso imaginação. Essa que me dói, porque seca, nas palavras do homem que só enterra, sem ver nada crescer. Talvez por isso não possa tirá-lo da cabeça. Nenhuma das minhas metáforas pobres deram conta da literalidade perturbadora da imagem: de dentro do buraco, um homem preto, brasileiro, nos encara e diz que apenas come, cava e espera o dia de morrer.

Toda a filosofia e as outras ciências mais exatas, como a poesia, dedicaram-se ao tema da finitude e, mesmo assim, privilegiados, como eu, eventualmente se deparam, aos 40 e poucos anos, com o horror de que vão morrer. Gosto de uma provocação feita por Lacan numa conferência, em Louvain, em 1972, em que diz que a morte entra no domínio da fé. "Vocês têm razão em crer que vão morrer, certamente; isso vos dá forças. Se vocês não cressem, poderiam suportar a vida que têm? Se não estivessem solidamente apoiados sobre a certeza de que isto terminará, poderiam suportar esta história?" Desconfio que Reginaldo enlouqueceria, não conseguiria cavar mais um único punhado sem a certeza de que aquilo terá fim. Eu queria que, de todos nós, no fim, não dissessem "descansou", mas "ah, que pena, gostava tanto".

A morte não é a única certeza. Antes dela, a vida, na qual estamos instalados, que se gasta imperdoavelmente se abandonamos, baldias, as esquinas.

Mande notícias. Conte-me alguma coisa bonita. Você, que conhece tantas, diga o que tem visto nas esquinas por aí.

Para terminar, te deixo um poema de Mário Cesariny. Tem apenas um verso, simples, imperativo e misterioso como as verdades: "Ama como a estrada começa". E considera, com ênfase, os canteirinhos do caminho. Não furaram o asfalto, como a flor de Drummond, que não é tempo de milagres espontâneos, mas foram plantados nele, ao lado do contêiner, do nojo e do lixo. Nossa esperança, Jamil, é que ninguém, por mais indiferente, poderá dobrar a esquina sem tropeçar neles.

Com carinho,

Juliana

Genebra, 3 de outubro de 2021

Prezada Juliana,

Recebi tua carta num cenário cruelmente perfeito. Eu estava no ambulatório de uma clínica de luxo em Genebra, a cidade com um dos maiores índices de desenvolvimento humano do mundo. Meu filho caçula esperava para ser atendido por uma pediatra que trazia, na plaquinha de seu nome, as bandeiras das quatro línguas nas quais ela poderia atender os pacientes. Um aquário do tamanho de uma parede dividia as salas, e, no estacionamento do local, cheguei a pensar que estávamos numa exposição de carros de luxo.

Eu segurava a mão dele, numa tentativa de enganar a dor do garoto, que tinha algo na garganta que incomodava. Mas, enquanto eu lia a carta, à medida que as minhas lágrimas começavam a aparecer, eu sentia que era ele quem segurava a minha mão. Sentia que era eu quem tinha algo na garganta. Olhando ao redor, tuas palavras serviam como uma espécie de óculos especial para enxergar a realidade. Você tem essa magia de transferir para cada um de nós – seus leitores – esse poder. O da visão daquele que teimosamente parece ter desaparecido do centro: o ser humano.

A distância entre os personagens que você me descreveu e onde eu estava não se mede em quilômetros. Mas em direitos. O que existia nessa distância é a constatação de que um dos artigos da Declaração Universal dos Direitos Humanos é ainda um sonho distante. "Todos os seres humanos nascem livres e iguais em dignidade e em direitos", diz o artigo 1º daquele documento que serve de bússola para a civilização.

Quando a pandemia desembarcou, lembro que uma das primeiras campanhas aqui da sede da OMS foi a de instruir as pessoas a lavarem as mãos. Chegaram a envolver atletas famosos para as campanhas. Mas, em poucos dias, eles se deram conta de que água e sabão, em pleno século XXI, são ainda itens de luxo.

Apenas no Brasil, seis milhões de crianças iam para a escola antes da pandemia em estabelecimentos sem esses dois instrumentos. Em 2017, estimava-se que mais da metade (55%) da população mundial não tinha acesso a serviços de saneamento seguros, e mais de um quarto (29%) não tinha água potável. No mesmo ano, dois em cada cinco domicílios no mundo não tinham instalações básicas para lavagem de mãos.

Em pleno século XXI, as sombras dos Severinos de João Cabral de Melo Neto continuam a perambular em suas lutas por existir. Cada vez que leio esses números, ecoam pela minha mente aquelas frases sobre uma outra igualdade, e que de justa não tem nada.

> E se somos Severinos
> iguais em tudo na vida,
> morremos de morte igual,
> mesma morte severina:
> que é a morte de que se morre
> de velhice antes dos trinta,
> de emboscada antes dos vinte,
> de fome um pouco por dia.

Avanços aconteceram, sem dúvida. Desde os anos 1990, as pessoas ao redor do mundo de fato estão vivendo mais tempo. E isso precisa ser comemorado. Nos países mais pobres, a expectativa de vida aumentou em 11 anos entre 2000 e 2016. Houve ainda uma redução à metade da mortalidade infantil entre 2000 e 2018.

Mas o progresso ocorreu de uma forma profundamente desigual e extremamente lenta para uma parcela da sociedade. Alguns dos dados refletem a dimensão da odisseia que ainda será necessária para garantir o direito à saúde, uma espécie de termômetro dessa desigualdade.

Em Moçambique, uma pessoa viveria hoje 57 anos, contra apenas 51 na República Centro-Africana. Já nos países ricos, a expectativa de vida média é de 80,8 anos. Ainda hoje, apenas um terço da população mundial tem acesso aos serviços essenciais de saúde. Se a desigualdade é ainda obscena, a pandemia também nos mostrou que nada é inevitável. O progresso humano não é um caminho sem volta. Em 2020 e 2021, em nosso país, a pobreza voltou e, junto com ela, o choro já sem lágrimas daqueles que disputam ossos como animais abandonados para sobreviver.

O mais irônico de tudo isso é que, quando o vírus desembarcou, ultraliberais que tinham proposto privatizar até o oxigênio gritavam desesperados: onde está o Estado? Mas você me fez um apelo em sua carta para que eu contasse algo "bonito". Juliana, estou convencido de que a pandemia mostrou o pior e o melhor da humanidade. A ganância e o egoísmo foram realidades desse período que atravessamos. Mas também vi como pessoas não pediram autorização para existir, como a resistência se fortaleceu, como a ciência venceu.

Ninguém sairá dessa crise sanitária como entrou. E quero acreditar que isso seja uma boa notícia. Talvez eu esteja sendo ingênuo. Ou querendo ser ingênuo. Mas vi como temas como a solidariedade e o amor voltaram ao centro do debate, inclusive político. Serão atropelados pela *Realpolitik*?

Provavelmente. Mas, ainda assim, quero acreditar que o amor colocou seu pé na porta. Utopia? Certamente. Mas não seria insuportável a vida sem ela? Irracional? Apenas para aqueles que conseguem dormir tranquilos sabendo que o mundo tem comida para dois planetas e, ainda assim, a fome é uma realidade para milhões de pessoas.

Recusar o amor no centro do debate nos custará caro demais. A insistência em recusar tal conceito dentro da política ou da comunidade não apenas nos torna insensíveis, mas também tenho a convicção de que nos impede de tomar as decisões mais sustentáveis. Sem amor, nossos esforços para nos liberarmos da opressão – seja ela qual for – estão fadados ao fracasso. Foi construída a noção de que o conceito de amor se refere apenas ao casal, à família ou a um grupo. O que eu proponho é que o amor não seja um assunto privado, que não esteja acorrentado.

O amor como um ato subversivo. O amor como prática revolucionária. Cuidar do canteiro de flores numa esquina de Roma, do cachorro, do irmão, dos avós, do vizinho, de um desconhecido, de um estrangeiro, da cidade, do país e de seus bosques, do planeta e de suas maravilhas. O que é a Declaração Universal dos Direitos Humanos de 1948 senão uma carta de amor à humanidade?

Há uma percepção distorcida de que apenas o pessimismo é sinônimo de inteligência. Tuas cartas desmontam essa tese, até por falarem em flores. Teu apelo, por si só, revela a vontade de luta e de otimismo. E, então, eu te pergunto: e se optarmos por amar, inclusive como ideologia política?

Já com saudades até a próxima carta,
te mando um abraço.

Jamil

Existir em um corpo-de-mulher

Genebra, 7 de novembro de 2021

Querida Juliana,

A luz do outono definitivamente desembarcou aqui aos pés dos Alpes. Pelas manhãs, enquanto levo as crianças para a escola, a vista do Mont Blanc é cada vez mais repleta de tons avermelhados, que transformam os picos nevados em um mosaico surpreendente.

Existe em mim, porém, algo profundamente revoltante quando penso que um mero trajeto para a escola é ainda apenas um sonho para milhões de crianças pelo mundo. Lembro-me de como, na fronteira entre o Quênia e a Somália, uma garota me disse que não ia para a escola por conta da falta de luz no caminho. Ela pontuou. "Não tenho medo do escuro. Tenho medo do que ocorre no escuro."

Revoltante também é a revelação de que essas barreiras até a escola não apenas são enormes, mas ainda são colocadas pelas próprias autoridades. Uma nova camada dessa campanha contra a educação ficou escancarada quando o governo brasileiro cortou verbas para a distribuição de material para a higiene pessoal de meninas. Em outras palavras: absorventes.

A persistência de privilégios no topo parece cegar quem não quer ou não consegue ver a teimosa pobreza que abala o destino de milhões de meninas. Elas são invisíveis, vultos ou apenas um produto de desejo ou domínio. Não são atores de direitos, não vivem em uma democracia.

A pobreza menstrual não é uma realidade apenas de brasileiras. Na África, uma em cada 10 meninas não vai à escola por não ter absorventes ou por não existirem banheiros seguros em seus locais de estudo. No Quênia, 50% das meninas com idade de ir para a escola não contam com esses produtos de higiene. Na Índia, 12% dos 355 milhões de mulheres que menstruam não têm dinheiro para absorventes.

De forma ingênua, eu achava que, no futuro, seríamos mais inteligentes, mais esclarecidos e que olharíamos para a nossa própria existência no passado com uma mistura de deboche, vergonha e arrogância: "Como é que aquelas pessoas pensavam assim?".

Mas, percorrendo as salas da ONU há 21 anos, tenho ficado cada vez mais preocupado com o que eu escuto nas negociações atuais para a aprovação de resoluções ou decisões. E especialmente quando o debate é sobre a mulher e seu corpo. Politizado, esse corpo se transforma em um objeto no qual a fé, a ideologia, o controle e a repressão se encontram.

No caso do Brasil, há um diálogo explícito entre o corte de recursos para absorventes e a postura internacional do país. Há, no fundo, uma ideologia muito maior que apenas o buraco fiscal: a da retirada de direitos.

Nos últimos dois anos e meio, parte da ofensiva diplomática brasileira foi por garantir que nada no direito internacional conduzisse a uma ampliação dos direitos das mulheres, vetando em resoluções termos como acesso à educação sexual ou saúde reprodutiva. Oficialmente, o objetivo é o de não deixar brechas para o debate sobre o aborto. Mas há um movimento muito mais profundo, que é o de reagir à reivindicação por igualdade.

A postura da diplomacia brasileira nos últimos dois anos chocou a ponto de conseguir encontrar eco apenas em governos acusados de violações graves contra as mulheres. Um dos que estenderam a mão à extrema-direita no Brasil foi a Arábia Saudita, país que só recentemente autorizou a mulher a dirigir um carro. Foi apenas há pouco tempo que as mulheres sauditas foram autorizadas a ter acesso a seus prontuários médicos. Antes, quem tinha esse direito exclusivo era seu "guardião". Claro, sempre um homem, inclusive seus filhos.

Até 2019, apenas o homem tinha o direito de receber informações sobre o processo de divórcio. Até 2013, não existia o crime de violência doméstica no código penal. Para se casar, uma mulher precisa da assinatura no certificado não apenas do marido. Mas também do guardião. Trata-se, no fundo, de um repasse de "direitos". Mas nunca para a mulher. Passaporte? Só com autorização.

Foi, portanto, esse o governo que viu no Brasil um aliado no debate sobre a mulher. Em ambos os casos, as mulheres são coadjuvantes da história, a autonomia do corpo não está assegurada, nem sua liberdade.

Juliana, eu sempre que posso provoco aqui em Genebra os diplomatas com uma pergunta: "Em que sala está sendo debatida a resolução sobre medidas para limitar a autonomia do corpo masculino?". Obviamente essa reunião não existe e jamais existiu.

Outro aliado do Brasil é a Hungria, país que passou a dar para mulheres que tenham mais de quatro filhos isenção de impostos e descontos para a compra de carros grandes. Sua função social é procriar.

Em pleno século XXI, entender que existem encontros internacionais nos quais governos ainda resistem à ideia de uma maior garantia de direitos para meninas e mulheres é o espelho de uma luta de séculos que não está nem perto ainda de terminar. De fato, o Fórum Econômico Mundial estima que, no atual ritmo do avanço da igualdade entre homens e mulheres, precisaremos de mais 209 anos para atingir salários equivalentes. Estamos prontos para dizer a nossas netas que elas terão de dizer às netas delas que não há garantia de igualdade?

Não consigo evitar um sentimento de profunda frustração quando ouço hipócritas que falam em fé quando destroem sonhos, vidas e liberdades de meninas. De cínicos que colocam o nome "Mulher" na porta de um ministério. Ou de delinquentes que querem decidir seus destinos. O crime? Você certamente sabe muito melhor que eu.

Tomando emprestada e transformando a frase da escritora norte-americana Joyce Carol Oates de que o sangue é a memória sem linguagem, o ato do governo sobre os absorventes permanecerá como um dos momentos reveladores de uma operação deliberada de retirada de direitos. Mas quero pensar no futuro para permitir a existência de uma nova geração de homens que peça demissão em um governo que ouse agir assim. Por qual motivo pedir demissão apenas quando uma política econômica não condiz com sua ideologia?

Uma geração que não terá medo de compartilhar o espaço, de aceitar a condição de igualdade e de lutar por ela como se fosse sua própria sobrevivência em jogo. Juliana, como pai de dois meninos, que educação eu devo garantir a eles para não perpetuar a maior injustiça social da humanidade? Para impedir até mesmo que uma pergunta como essa tenha de ser feita em uma carta? Para que nascer mulher ou homem não defina nossos direitos?

Aguardo tua carta, com aquela sensação que já passou a fazer parte do início de cada mês, quando a ansiedade se mistura à certeza de que você me ajudará a ler e transformar o mundo.

Fernando Pessoa já dizia que a fraternidade tem sutilezas. Uns que leio isso, me pergunto: será que passou por sua cabeça que essa é também a fronteira entre homens e mulheres em muitas partes do mundo?

Recusando-me a te mandar um beijo fraterno, talvez tenhamos de buscar novas palavras que sirvam de instrumentos para romper com uma realidade. Teu sangue é nosso sangue. Teu sangue é nossa vida.

Jamil

Roma, 8 de novembro de 2021

Sabe, Jamil,

Quando fiquei menstruada pela primeira vez, guardei segredo. Eu sabia o que era o sangue na minha calcinha, fui bem orientada. No entanto, não contei para ninguém. Improvisei com papel higiênico não só naquele, mas também no outro mês e no outro. Precisei de tempo para assumir aquela nova condição: não era mais uma menina, era uma "mocinha", o que parecia uma grave desvantagem. Sempre que escutava esse veredicto sobre outra menina, era como advertência, continha alguma restrição ou um julgamento.

Eu tinha 12 anos.

Meu primeiro compromisso do dia é também levar as crianças na escola. Não temos a vista do Mont Blanc para distrair do frio dessas primeiras horas da manhã, mas o afamado trânsito romano. Aqui, o outono se prova nas folhas por um fio, que se deixam levar por qualquer sopro. Anita gosta de chamá-las de "amarelo-alegre", e é bonita uma parte do caminho, porque, no calor do carro, escutamos música e vemos o Sol procrastinado de outubro filtrado pela chuvinha das folhas que rolam pelo capô e se espalham pelo asfalto e pelas calçadas. Em comum, querido Jamil, temos, sentadas no banco traseiro, crianças privilegiadas. Mas, no meu caso, uma é mais privilegiada que a outra.

Sua carta me fez pensar que a criança, embora esteja entre as minorias políticas mais vulneráveis e silenciadas, ainda conta com o Estatuto da Criança e do Adolescente e o engajamento de adultos para protegê-la. No entanto, se "já é uma mocinha", assiste a suas prerrogativas derreterem, não só de criança, mas também de cidadã e, finalmente, de sujeito, conforme seu corpo ganha as propriedades de um corpo-de-mulher.

Por isso, quando perguntam como virei feminista, respondo que desde que me reconheci num corpo-de-mulher. E quanto mais de-mulher sinto meu corpo, mais feminista me faço.

Fechar as pernas, esconder os seios, esconder o sangue, a cólica, o tesão, as variações hormonais e seus efeitos no humor, os filhos, a celulite, as rugas, o aborto. Disfarçar o peso, a altura, baixar o tom de voz, passar calor, passar constrangimento, ter o corpo observado, julgado, criticado, adequado, ter cuidado com os becos e com os descampados, com a gravidez, ter cuidado com quem "só quer te comer". Sobretudo, jamais querer só comer alguém, isso é muito importante para todos dormirem tranquilos.

Um corpo-de-mulher deve ser fértil, belo, discreto, passivo e subordinado. Deve estar a serviço dos homens, dos filhos e, claro, do capital. Silvia Federici defende que a caça às bruxas ("a herege, a curandeira, a esposa desobediente, a mulher que ousa viver só, a mulher obeah que envenenava a comida do senhor e incitava os escravos à rebelião", coloque aqui sua bruxa preferida) foi tão importante para o desenvolvimento do capitalismo quanto a colonização ou a expropriação do campesinato europeu de suas terras. O homem proletário só pôde existir graças à base que o trabalho não pago das mulheres garantiu. O controle sobre nossos corpos é um dos pilares do sistema. E muitos dos direitos que conquistamos foram manobrados para perpetuar nossa condição subalterna.

Por exemplo, a revolução sexual do final da década de 1960. Sem destituir sua importância, tenho um olhar desanimado para os resultados práticos. Reivindicávamos liberdade e autonomia. E, se formos honestos, nossa autonomia é uma quimera, e a liberdade conquistada foi dada ao homem. Se antes as mulheres penhoravam a exclusividade sobre seus corpos, seu único ativo, em troca de estabilidade e segurança, depois da revolução sexual esse produto ficou barato. Foram os homens que ganharam acesso inédito ao corpo feminino sem que, com isso, tivessem de se comprometer legalmente, afetivamente ou financeiramente.

As mulheres ficaram com a má fama, com os segredos, com toda a responsabilidade em relação à concepção, com os filhos sem pais, com os abortos clandestinos, com as múltiplas jornadas de trabalho, com a sobrecarga mental, com os efeitos colaterais e os riscos das pílulas anticoncepcionais. Você sabia que os hormônios contidos nos anticoncepcionais diminuem dramaticamente a libido de grande parte das mulheres? Para transarmos sem o risco de engravidar, tomamos uma droga que reduz nossa vontade de transar. O que te parece? Os homens tomariam algo assim? Isso é uma sacanagem, Jamil.

Como você escreveu, não somos atores de direitos, não vivemos em uma democracia. O aborto continua sendo uma concessão que os homens fazem ou não fazem. Assim como a paternidade, que ainda escolhem exercer ou não, sem maiores prejuízos. O direito ao voto, ao trabalho, o direito de consentir, nada nos está assegurado. Simone de Beauvoir nos alerta, desde o século passado, que basta uma crise política, econômica ou religiosa para que os direitos das mulheres sejam questionados. As mulheres não têm paz. Como no título do livro de Juliet Mitchell, *women are the longest revolution*. Espero que a menininha sentada no banco de trás do meu carro tenha coragem, companhia e força no seu devir mulher.

Ano passado, a turma do Gael encenou *O mágico de Oz*. Foi inevitável reparar que, tirando dois ou três meninos com evidente talento artístico, as garotas pareciam mais articuladas, espertas, atentas, mais conscientes e extrovertidas. Fiquei fascinada por elas e pensei em que momento aquelas meninas de 9 anos, explodindo de potencial e segurança, começariam a baixar a cabeça ao atravessar uma roda masculina qualquer. Puxar o vestido para baixo. Fraquejar na autoconfiança. Considerar seus projetos maiores que elas. Quando começariam a ter vergonha? Em 1822, Stendhal escrevia, no seu estudo sobre o amor, "concede-se que uma menina de 10 anos seja 20 vezes mais esperta que um moleque da mesma idade. E por que ela se transforma, aos 20, numa grande idiota, desajeitada, tímida, com medo de aranhas, enquanto o menino se torna um homem espirituoso e inteligente?".

Acho que começa quando nos apartam do corpo. Algo está muito errado se, no momento em que ganhamos o superpoder feminino, que contém a explosão do início de tudo, sentimos medo e sentimos vergonha. Chimamanda Ngozi Adichie marca que, em todo o mundo, a sexualidade feminina diz respeito à vergonha. Mesmo em culturas que esperam que as mulheres sejam *sexies*, não esperam que sejamos sexuais. Não garantir absorventes para quem não pode comprar é expressão do desprezo por nossa existência como mulheres.

Porque as mulheres sangram e sangram a vida inteira, os homens podem não ver, não saber, não sentir, não perceber, não se haver. Mas é assim que existem todas as mulheres a sua volta, a maioria dos seres humanos sobre a Terra: sangrando. Ninguém fica neutro diante do sangue, mesmo que escape do talho invisível que a borda de uma folha de papel faz no dedo.

O patriarcado não está preocupado com família, pecados ou fetos. O centro da disputa é o controle sobre o corpo da mulher, cuja prerrogativa biológica é justamente ser rebelde e insubordinado: quando sangra, quando gera, quando pare, quando produz o alimento suficiente para suas crias.

Pensei na sua questão sobre como educar os meninos para atuarem na construção da nossa utopia de justiça e confesso que não sei. Talvez você possa contar sobre seu percurso, explicar como chegou à opinião que tem. Preste atenção no que diz e também no que escuta deles, no machismo que se infiltra pela linguagem e encharca tudo em volta. E os corrija. E se corrija. Aprenda enquanto ensina, com eles e para eles, a falar das mulheres e com as mulheres com o respeito que devemos a qualquer outro. Não ensine a seus meninos que eles devem tratar bem uma mulher por ser mulher, mas porque é assim que agimos com outro ser humano. Sobretudo, não os deixe acreditar na artimanha machista de que o bem-estar das mulheres depende da condescendência dos homens.

Seja radical, Jamil. Ou você reconhece a alteridade e acredita na plena igualdade de valor e direitos entre homens e mulheres, ou não.

Espero que Gael e os dois garotinhos sentados no banco de trás do teu carro encontrem essa trilha desbravada quando puderem ser, de fato, agentes da revolução que sonhamos. Por hora, essa missão ainda é nossa. E é muito bom contar com um aliado como você.

Com esperança e carinho,

Juliana

Uma ficção como qualquer outra nacionalidade

Lisboa, 4 de dezembro de 2021

Querido Jamil,

Escrevo de um café lisboeta. Faz frio, mas o dia é lindo. O Sol do outono parece tentar compensar o calor hipotético com uma luz soberba sobre a capital do país que nos legou a língua em que você me lê. Na bolsa tenho documentos que me identificam para fins de direitos e polícia. Um passaporte brasileiro, outro português, uma identidade italiana. Uso cada um de acordo com a conveniência e a fronteira. Em Portugal, embora o livrinho de capa vermelha dê fé de que sou portuguesa, preciso explicar o sotaque, dizer do avô que desembarcou no Brasil no início do século passado e nunca mais voltou. Em Roma, justifico meu *permesso di soggiorno* com o visto de missão das Nações Unidas, marido funcionário internacional, filha romana quando preciso apelar. Quase me desculpo. Na Europa, sinto-me usurpadora de identidades que não me identificam.

No Brasil, não explico nada. Pertencimento *soli* e *sanguinis*. Sou dele e ele é meu. Nenhum governo ou polícia, nenhum banimento ou despatriamento tem poder de revogar minha identidade brasileira, mesmo que possa, em tempos brutos, cassar minha cidadania. Porque lá sou filha e neta, fui aluna de tia Ailma e atleta do Minas. Lá ainda está

55

de pé o muro onde ganhei a cicatriz no joelho, e no beco onde dei meu primeiro beijo talvez ainda exista o tapete de jamelões que manchava nossas roupas quando jogávamos Bete. Sobretudo, a língua. A língua em que nos contaram e nos ensinaram a contar as coisas.

Quase oito anos na Europa e continuo obstinadamente estrangeira. Tenho medo de, adaptada, faltar o desejo de voltar. Uma resistência em ceder a certa ordem europeia e me abrandar. Ou talvez seja o conhecimento próprio da palavra "saudade". Um amigo italiano que viveu no Brasil me contou que, depois de aprender a saudade, nunca mais deixou de senti-la.

Outro dia tive medo de que meus filhos não compreendam a goiabada e o imperativo de comê-la com queijo. Eles não compreendem que farofa é sempre bom e são indiferentes aos nossos salgadinhos de festa. Eu estranho a forma como articulam a letra "r" e tenho medo de que não possam pronunciar o til que separa a "nau" do "não" e passem recibo de gringo sempre que falarem a palavra "coração". Da mesma forma, para eles, eu sou a mãe estrangeira. Não podem me contar sem o Brasil. Eles bancam a identidade italiana como eu jamais poderia, talvez porque já tenham deixado suficiente sangue dos joelhos nas calçadas dessa língua.

Li que, em 1937, o ditador dominicano Rafael Leónidas Trujillo utilizou um sarrafo linguístico para identificar e eliminar os haitianos que cruzavam a fronteira em busca de dias melhores. O suspeito era obrigado a falar a palavra "*perejil*" (salsinha), e se a pronúncia agarrasse no "r" francês ou denunciasse falta de intimidade com o "j" daquela parte da ilha, a permanência era negada. Parece que morreram assim, de sotaque, entre 15 e 20 mil pessoas. Língua materna é coisa séria, indisfarçável, não só constituinte, mas também estrutural de todos nós.

Cultivar, em português, o texto e a música é minha maneira de resistir a certo silêncio que tem o exílio e de manter acesa uma lembrança de mim inalcançável em outro idioma. Posso, por exemplo, ser amável em qualquer registro, mas, se tiver de dizer "não", é melhor que seja em português. Tenho uma dureza que só expresso na língua de minha mãe.

Talvez a melhor definição de "pátria" seja mesmo a que Pessoa atribuiu à língua portuguesa. E talvez a estrangeiria agudize o embaraço de que somos, uns para os outros, sempre, resultado de uma tradução. Você sabe, Jamil, não basta conhecer o significado das palavras para chegar ao sentido, e a exatidão não apenas deforma a poesia como também lhe rouba a alma. Com gente e poema é preciso sentir o ritmo e a pulsação da intenção que precede a palavra. Em vez de uma hermenêutica, uma erótica, como escreveu Susan Sontag sobre a crítica de arte.

Uma vez, viajando pela Síria, nosso carro quebrou no caminho até Hama. Fomos acolhidos na casa de uma família enorme, homens, mulheres e muitas crianças. Não entendo uma palavra de árabe, no entanto, entendi quais daquelas crianças eram filhas e netas de cada uma das mulheres. Também soube dos bebês que a mais velha havia perdido e a vi chorar, ainda, os filhos que não vingaram. Eu não tinha filhos nem árabe para dizer sequer um "sinto muito" e, por isso, a abracei. Fiquei comovida com o desassombro com que ela recebeu meu sem-jeito. Depois, me ensinou a fazer o pão, explicou sobre o *hijab*, arrumou uma linda *shayla* azul nos meus cabelos e me levou a um quarto pequenino, de pé-direito baixo, enfumaçado de incensos, tapetes, almofadas.

Lembro que entrei insegura, sem saber a liturgia de um espaço como aquele, e esse tipo de ignorância já me rendeu problemas do Marrocos ao Laos. Mas as mulheres apenas entraram atrás de mim, umas cinco ou seis crianças, um bebê, e se sentaram naquela penumbra perfumada. Um alérgico não suportaria dois minutos antes de ir a óbito, mas passei uma boa hora ali, me sentindo linda com aquele lenço turquesa no cabelo, mais do que escutando, sentindo elas conversarem comigo, e juro que gargalhei com algumas histórias a respeito das quais meu entendimento é da ordem do sobrenatural. Tudo isso sem a palavra. Pensei que, no fim das contas, todos somos só gente. De perto, temos mais semelhanças que diferenças. A falta das palavras permitiu um encontro que, talvez, o mal-entendido inevitável da linguagem pudesse levar ao conflito.

Um mês depois começou a guerra.

O terrível mal-entendido da guerra.

A tradução capciosa do outro na guerra.

Dia desses, por conta de um episódio de discriminação no colégio, conversava com meus filhos sobre xenofobia. Explicava que a palavra remetia ao medo do estrangeiro, um medo que deslizava, perigosamente, para o ódio. Contei que, para muitos povos, o estrangeiro não passava de um bárbaro e que, durante toda a Antiguidade, na maior parte do mundo, matar o outro, o que vinha de fora, não era sequer crime. Conversava com o Gael quando a pequena, que parecia distraída, encerrou a questão com "que besteira. Todo mundo é estrangeiro em algum lugar".

Foi também Anita que disse se sentir *mezzo* italiana, *mezzo* brasileira, porque "tem coisas que não sei falar em português e tem coisas que não sei falar em italiano". Achei tão preciso e tão bonito, sobretudo porque ela usou, para se situar, não o que sabe, mas o que não sabe dizer. Acho que é mesmo assim. Estrangeiro é todo lugar ou ser humano que não nos sabe, que nos julga sempre idênticos a nós.

O que me diz, Jamil?

Você, que é estrangeiro entre estrangeiros há tanto tempo. Todo deslocamento é exílio? Como te parece a estrangeiria daí, do seu posto de observação, onde as nações se dizem unidas? Direito de solo, direito de sangue, direito de língua? Que tipo de estrangeiro é você?

Charles Baudelaire diz, num poema, que o estrangeiro não ama nem pai, nem mãe, nem amigos, nem o ouro; ignora a latitude da pátria e apenas "amaria" a beleza, no futuro do pretérito. No fim, quando insiste em saber o que ama o extraordinário estrangeiro, ele apenas responde: "Eu amo as nuvens… as nuvens que passam lá longe… as maravilhosas nuvens!".

Da próxima vez que eu voltar a te escrever, querido amigo, será 2022 e teremos sobrevivido ao segundo ano da pandemia. Eu te desejo coragem para preservar o coração, não importa se exilado ou estrangeiro, no lugar certo. É uma alegria e uma esperança, uma honra e um carinho, compartir a perplexidade e o encanto desses tempos com você, em português, do nosso Brasil.

Um beijo,

Juliana

Genebra, 5 de dezembro de 2021

Querida Juliana,

Tuas cartas não são meras correspondências. São poemas. E, como correspondente há mais de duas décadas, me coloco diante do poder de tuas palavras em mais uma posição de estrangeiro. Dessa vez, literário. Incapaz de rimar, compenso o silêncio das páginas em branco com fatos incontestáveis ou com óbvios "estou com saudades". Sem conseguir transformar versos em arte, respondo tua carta na condição de forasteiro.

Como você, sou neto de imigrantes e tenho filhos imigrantes. Estrangeiro? Todas as vezes que abro os olhos pela manhã, num gesto que inaugura o amanhã, o futuro. Sou brasileiro, com nome e sangue libanês, presbiteriano e resultado do encontro no interior do país entre colonos suíços e, claro, uma família portuguesa. Não falo árabe, porque a família que chegou ao interior de São Paulo para plantar café tinha uma só meta: integrar-se. Ser brasileiro, uma ficção como qualquer outra nacionalidade.

Quase um século depois, um dos meus filhos nasceu num hospital suíço. O outro, numa clínica na França. A mãe é catalá e espanhola, e a ordem depende de quem está à mesa. Os meninos usam os idiomas como ferramentas, e o mais velho começou, este ano, suas aulinhas de chinês. Decoram o nome dos planetas para a prova de ciência em inglês, pedalam suas bicicletas em francês e cantam Gil, Chico, Paralamas e Jair Rodrigues em português. Mas descobri que o termo "língua materna" não tem esse nome por acaso: eles sonham em espanhol.

Para ir à escola, cruzam uma fronteira terrestre. Uma pedra com um símbolo da Suíça me faz pensar, todas as manhãs, sobre o significado de soberania. Tenho meu escritório, em Genebra, num prédio que é uma ficção jurídica estabelecida a partir da burocratização de um projeto de utopia, as Nações Unidas. A lojinha do *tax free* está lá para provar isso.

Afinal, o que são fronteiras senão uma definição de onde pagamos nossos impostos? Impostores ultranacionalistas não enxergam os símbolos nacionais dessa forma, eu sei.

Mas talvez tenhamos outras cartas para falar desse fenômeno da apropriação, muitas vezes, indevida. Juliana, essa longa introdução para minha resposta à tua carta só me serve para chegar a um ponto: não troco uma caixa de Bis por nenhum chocolate sofisticado da Suíça. O motivo é tão simples quanto lógico: trata-se do sabor de minha infância, aquela etapa da vida em que começamos a desenhar nossas referências.

Sinto-me apenas brasileiro, só posso votar para presidente no Brasil e tenho apenas um passaporte, o nosso. Mas, diante dos meus filhos e da minha realidade, cresce em mim a indignação de sermos qualificados apenas de uma forma rasa a partir da nacionalidade, um conceito que nem sequer existia há poucos séculos.

Confesso que não pensava assim antes da dupla de herdeiros das hipotecas ter nascido. Por algum tempo, me perguntava: para que time meus filhos torcerão numa Copa do Mundo? França, Brasil, Espanha ou Suíça? Onde eles chamarão de casa? Onde se sentirão "amigos do rei"?

Mas, depois de mais de 20 anos morando no exterior, essas minhas angústias começaram a perder força, e acredito que me reconciliei com essa cacofonia de identidades. Também entendi, ao me deparar com tantas pessoas que buscavam, no exílio, proteção, uma frase que escutava de amigos do meu pai e que pertenciam a diferentes colônias de imigrantes de São Paulo: "Nunca rejeite um passaporte, você nunca sabe o que teu país pode fazer contra você um dia".

Antes e enquanto meus filhos cresciam, eu viajei muito. Foram mais de 70 países. E o que mais me impressionou não foi a diversidade do mundo. Mas a nossa semelhança. Todos nós sonhamos, choramos, rimos exatamente da mesma forma. Todos desejamos a felicidade de nossos filhos e uma boa música para dançar com quem amamos. Todos precisam dar as mãos para lidar com medos e incertezas.

Na rota de refugiados, uma imagem surreal me abalou. Era um trilho de trem abandonado, usado pelos estrangeiros para percorrer o trecho entre a Sérvia e a Hungria. Eles, que saíram da Síria, estavam a caminho da Alemanha. Seriam semanas de trajeto. Numa cadeira de rodas, uma senhora muito idosa era levada por jovens, crianças e adultos, que se alternavam. Em cada espigão, o solavanco da cadeira virada de costas ao destino marcava o ritmo lento da viagem. Quando aquelas pessoas se deram conta de que eu estava atônito diante da cena, uma delas parou, sorriu e soltou uma só palavra: "*family*".

Quem não entenderia isso?

Numa outra rota de imigrantes, pedi para tirar uma foto de um pai que carregava, nos ombros, sua filha. Exaustos, com as roupas rasgadas e destruídos, ambos eram o retrato do que Zygmunt Bauman dizia sobre os refugiados que trazem "os ruídos da guerra distante e o fedor de lares pilhados e aldeias incendiadas".

A mãe, que estava distante, ao me ver apontando a câmera, soltou um enorme berro e entendi que deveria abaixar a máquina. Ela se aproximou, tirou um lenço imundo do bolso e limpou o nariz da garota. Ao terminar, olhou para mim e me fez entender que, agora sim, eu poderia retratar a filha dela.

Quem não entenderia o conceito de dignidade?

Quando Yuri Gagarin, em 1961, se transformou no primeiro homem a entrar em órbita, levava consigo o sonho e a loucura de séculos. Quando retornou, confessou que sua maior surpresa não foi ver a vastidão do universo, mas a beleza do planeta. Estava apaixonado pela Terra.

Ele não foi o único a entender que, ainda que sua missão fosse desbravar o cosmo, a maior descoberta que estava fazendo era de nossa própria casa, do "errante navegante". Com base nos relatos dos astronautas, anos mais tarde, o filósofo Frank White cunharia o termo *"overview effect"*, uma reflexão sobre a visão do mundo de uma posição privilegiada e única.

Não estou sugerindo o fim do Estado-nação nem evocando John Lennon. Mas será que não existe nada maior? Será que nossa lealdade se limita a uma bandeira e a uma vida organizada na base de identidades construídas? O nacionalismo é mesmo o instrumento adequado?

Será que nossa maior defesa como espécie é a fronteira? Ou seria ela nossa limitação? Talvez o vírus invisível tenha nos dado uma última chance de despertar. Não para borrar nossas identidades. Mas como último alerta antes de enfrentar um desafio existencial que nos é apresentado no século XXI. Se Gagarin foi ao espaço para entender que somos um só, agora são o confinamento, o medo, o reconhecimento da vulnerabilidade que nos proporcionam um daqueles momentos históricos de mudança cognitiva da consciência.

Quais dos problemas atuais serão resolvidos dentro de fronteiras ou a partir da divisão entre nós e eles? Entre estrangeiros e locais? Clima, terrorismo, narcotráfico, fluxo imigratório, vírus, a imoral desigualdade na distribuição de vacinas. Todos eles debocham do que chamamos de identidade nacional ou fronteiras. Todos eles exigirão uma nova forma de pensar e de agir.

Você perguntou como era esse debate sobre ser estrangeiro numa cidade marcada pela presença da ONU. O que posso te dizer é que assisto, quase diariamente e ao vivo, a como delegações afirmam tomar a palavra em reuniões e cúpulas para defender seus respectivos interesses nacionais. E todos os dias me pergunto: serão mesmo "nacionais"? Ou a nacionalidade é usada como escudo para a defesa do interesse de uma elite no poder, de um grupo exportador de soja ou de um ditador de plantão?

Querida vizinha, como você percebeu, devolvi tua carta-sinfonia com mais perguntas que respostas. Mas acho que, neste momento, precisamos começar a repensar nosso mundo a partir de questionamentos. Ainda me surpreende como, num mundo repleto de incertezas, haja tanta gente repleta de certezas.

Da fria Suíça, te mando um abraço e um apelo para que convença a luz de Portugal a também nos beneficiar, aqui, nos Alpes. Eu costumo dizer que Lisboa é a melhor cidade da Europa e uma das mais incríveis do Brasil. Coma um pastel de nata por mim e, se me permite a sugestão, recomendo que você passe por um local mágico onde os europeus descobrem o chorinho, aquela música composta de tantas influências estrangeiras que se tornou uma marca de um país. Tenho lindas memórias daquele cenário.

Se eu não falar com você até o final do ano, aproveito esta correspondência para te agradecer profundamente por ter passado parte da pandemia ao meu lado em 2021, mesmo que do outro lado das fronteiras. A gratidão é a memória do coração, já diziam.

Desejo a você um 2022 repleto de amor, resiliência e, claro, de poesia em forma de cartas. Será um ano decisivo e precisaremos de tua força, com o passaporte que você optar por apresentar.

Saudações genebrinas,

Jamil

O encantamento do divino
sem as bobagens do sagrado

Genebra, 19 de janeiro de 2022

Querida Juliana,

O ano 2022 começou como havia sido prometido: intenso, gozador e desafiador. Esta carta que te mando é uma das primeiras coisas que consegui escrever, depois de semanas incapaz de organizar minhas ideias, tomadas por um turbilhão que parece querer desfocar a imagem do meu destino.

Por uma combinação de eventos, me descobri orando baixinho. Meu amadorismo em ritos me faz lembrar os versos de Chico César quando ele também rompe a liturgia, apela à religião e pede: "Deus me proteja de mim e da maldade de gente boa/Da bondade da pessoa ruim/Deus me governe e guarde, ilumine e zele assim".

Mas, ao final de cada oração em que eu tropeçava, vinha também em minha mente uma pergunta incômoda: por qual motivo estou fazendo isso? A indagação não era resultado de falta de escola dominical em minha infância. Nem de estudos sobre a história das religiões nem, suponho, por falta de fé nas décadas seguintes, haja vista o comportamento em cada jogo da seleção em Copa do Mundo. Mas ela continuava a martelar meus ossos.

Lembrei-me, com a morte de Desmond Tutu, de um encontro que tive com ele, ainda em 2010. Era justamente véspera da Copa do Mundo, a primeira a ser realizada na África. Diante da fragilidade do time da casa, eu perguntei de forma despretensiosa qual seria o time que o arcebispo escolheria para torcer, caso os sul-africanos fossem eliminados no começo do Mundial. E a resposta do religioso foi tão malandra como profunda: "Vou torcer pelo Brasil. Precisa rezar menos", e soltou sua gargalhada inconfundível. Anos depois, na primeira vez que estive com teu vizinho em Roma, o papa Francisco, ele me disse com um sorriso pícaro de um latino-americano: "Fique tranquilo, o papa é argentino. Mas Deus é brasileiro".

Fiquei, ao longo das últimas semanas, com a impressão de que ambos tinham, na ironia, duas mensagens importantes: minha fé serviria como ferramenta e haveria gente ao meu lado para me dar a mão, talvez de um lugar onde me sentiria identificado. Mas não para que eu transferisse responsabilidade para um milagre improvável. A ciência, o trabalho, o foco e a resiliência teriam de vingar.

Talvez minhas dúvidas venham de um sentimento que permeia minha relação com a religião e seus arautos: o da constatação de seus paradoxos e hipocrisias. Sempre me chamou a atenção como um tirano escolhia a religião que adotaria em seu reinado com base nas alianças que gostaria de construir, no poder que almejava conquistar. Tratava-se de uma decisão geopolítica, depois transformada em decreto que obrigaria cada súdito a rever suas crenças mais íntimas.

O nosso nojo também foi ensinado, inclusive para poder distinguir entre santos e bárbaros. Por séculos, o chão de uma sociedade também foi uma obra cuidadosamente preparada, num livro cujos versículos foram manipulados, escolhidos e editados para justificar uma ordem de poder.

Se o cristianismo foi tão revolucionário ao dar espaço para mulheres e escravos naquele seu momento de nascimento e tão rebelde por falar de igualdade, é perturbador como foram necessários quase 2 mil anos, escravidão, imperialismo, a aliança entre a cruz e a espada e genocídios em nome da fé para que alguns desses princípios se tornassem leis na Justiça dos homens.

Quando ouço "a orquestra irônica e estridente" que é relatada em versos do poeta sobre os ferros que rangem nos pulsos de escravos, enquanto o som de chicotes marca o tempo num navio negreiro, sinto nojo de uma estrutura eclesiástica que abençoou aqueles crimes.

Quando me sento diante do *Guernica*, sou tomado por uma profunda repulsa diante da "*sacralización*" do golpe de 1936, transformado em guerra santa. Foi necessário o abalo sísmico da Segunda Guerra Mundial para que a busca por sentido da vida reaparecesse na agenda política. Claro, enquanto o genocídio era negro, indígena ou simplesmente longe dos olhos dos centros de poder, isso não parecia uma urgência.

O fato é que o longo caminho para tornar ilegal o horror culminou na Declaração Universal dos Direitos Humanos. Não se trata de um livro entregue a nós no pico de um monte enquanto o céu se abre para uma revelação divina. Mas, ainda assim, pode ser lida como uma espécie de oração.

Num certo trecho, o texto afirma que os povos proclamam "sua fé nos direitos fundamentais do Homem, na dignidade e no valor da pessoa humana, na igualdade de direitos dos homens e das mulheres e se declaram resolvidos a favorecer o progresso social e a instaurar melhores condições de vida dentro de uma liberdade mais ampla".

Em que religião isso não caberia?

A bússola moderna foi escrita por homens e mulheres de diferentes religiões ou de diversos antecedentes filosóficos. Sabemos seus nomes, suas desavenças, onde ficaram hospedados enquanto negociavam o texto. Tinham acabado de sair do horror do Holocausto, momento em que o óbvio tinha sido esmagado pelo fanatismo, inclusive contra uma religião.

Eles precisavam resgatar o óbvio da vida como um direito. Numa nova insurreição tão profunda quanto a copérnica, o centro era recolocado de volta à humanidade. Os versículos falam em direitos inalienáveis, enquanto se declara uma rejeição revolucionária contra a tentativa de qualquer autoridade em controlar tua fé ou a ausência dela.

O que mais preocupa, Juliana, é que hoje essa obviedade parece uma vez mais perder terreno. O historiador Yuval Harari corretamente pergunta: e se essa autoridade no centro do indivíduo que acreditamos ser parte de nós tiver sido sequestrada sem que tenhamos nos dado conta? E se os humanos tiverem sido hackeados? E se a tecnologia for capaz de manipular sentimentos e crenças em uma escala inédita?

Estaríamos vivendo, pergunta ele, a falência filosófica de um mundo que criamos e onde colocamos o sentimento no centro? Se isso for a nova realidade, é o próprio fundamento de nosso mundo que desaba. E, com ele, os valores da democracia.

O santo graal da busca pelo poder não é mais o controle de um território. Mas saber o que eu, você e nossos filhos sentimos. Com certas tecnologias, experimentos começam a ser testados para descobrir tuas decisões futuras, antes mesmo de você saber quais são. Magia? Não. Coleta de dados. A quantidade de canções de amor adicionadas à tua *playlist*, tuas buscas no Google, quantos segundos você para na foto de alguém enquanto espera o ônibus.

Agora, se eu posso saber teu futuro antes de você, eu também posso te direcionar para criar um futuro e te conduzir a tomar decisões.

Hoje, no Brasil, vivemos mais um capítulo do sequestro da fé para fins políticos. E parte dele ocorre usando exatamente essa tecnologia manipuladora. Na busca por controle, vendedores de ilusões transformaram a busca legítima de uma pessoa por um sentido na vida em instrumento de poder.

Charlatães que vendem esperança como política pública em troca de votos e dinheiro. Criminosos que, diante de uma era de incertezas, recorrem a instrumentos de persuasão. Usam a fé para legitimar a discriminação, o racismo e a violação aos direitos humanos. Isso não é uma exclusividade brasileira. Lembro-me de uma empresa norte-americana que se recusava a incluir no seguro de saúde de seus milhares de funcionários um pacote de saúde reprodutiva, sob a alegação de que os donos evangélicos da companhia acreditavam que ali estava uma brecha ao aborto. Logo, porém, foi descoberto que esses mesmos magnatas usavam parte do lucro gerado por esses mesmos trabalhadores para investir, na surdina, numa empresa que ganhava dinheiro vendendo... pílulas do dia seguinte.

Quando penso nisso tudo, Juliana, dá vontade de estender o banho para tentar esconder a oração envergonhada no barulho da água do chuveiro. Mas acho que também rezo para não desistir. Se abrirmos mão da esperança apenas por ela ter sido sequestrada, a hipocrisia terá vencido. E isso vai exigir banhos ainda mais longos no futuro para esconder a vergonha de nossa geração. Anita, Pol, Gael e Marc – hoje pequenos – mais tarde nos perguntarão onde estivemos enquanto esse sequestro ocorria. E quero ter a coragem de responder, sem ter de me esconder.

Certa vez, o padre Júlio Lancellotti me explicou o significado da oração. "Temos de orar não para nos conformar. Mas para nos motivar", disse. "A oração é compromisso com a vida. A nossa oração é de luta e resistência", me disse o padre, que chacoalhou as consciências ao martelar pedras que tinham sido colocadas sob um viaduto para impedir que pessoas em situação de vulnerabilidade encontrassem um abrigo.

Em 2022, decidi que não vou precisar do barulho do chuveiro para camuflar minha oração. Ela será um dos instrumentos de indignação, para buscar soluções humanas para problemas humanos, para descobrir o que eu sinto, para ter forças para resistir e reconstruir um futuro. E, por que não, para evitar outro 7 x 1 na próxima Copa.

Vou ficando por aqui, Juliana, ávido por receber tuas respostas desenhadas como obras de arte.

Te mando um abraço carinhoso,
outra forma de oração.

Jamil

Roma, 20 de janeiro de 2022

Oi, Jamil,

Lembrei-me de uma coisa besta, dessas aleatórias, de quando os fatos trombam com certos sentimentos desencapados e cicatrizam na linha do tempo daquela memória que conta a história da gente. Bem pequena, eu costumava me benzer quando não tinha ninguém olhando para me sentir aterrada em um tipo de proteção e de amor. Era um ritual secreto, íntimo e muito verdadeiro, como são as coisas que inventamos para nos consolar. Um dia, fui flagrada pela família, tinha me machucado e fiz minha mandinga desatenta, no meio da sala da casa da minha avó, em Irajá, e me lembro das minhas tias, talvez uns primos, rindo e comentando por toda a eternidade daquelas férias, "que gracinha, ela se benze". Claro que nunca mais me benzi. Saber que você tem orado baixinho iluminou essa lembrança.

Eu perdi o hábito. Primeiro parei de me benzer, depois de rezar, depois, mesmo nascida em uma grande família católica, de praticar e, por fim, de acreditar no deus que aprendi. Lia os evangelhos e concordava com tudo que Jesus dizia. Tinha a ver com liberdade, respeito, solidariedade, reconhecimento do valor e da importância de todos e de qualquer um. E também com desobediência, rebeldia, sobretudo, amor. Não compreendia esse ideal revolucionário, possível porque humano, aprisionado em um deus voluntarioso, criado à imagem e semelhança da nossa arrogância e indiferença, que tudo vê, tudo sabe, tudo pode e nada faz. Ou faz só para alguns. Ou cobra no débito e no crédito. Não me parecia relevante (nem razoável) acreditar que Jesus fora concebido sem sexo ou que não respondia às leis da física. O mais carismático e inspirador dos insurgentes transformado em marco temporal e liturgia. Em Santo. Inofensivo, pois.

Parece que os direitos humanos não podem ser persuadidos pelo sentido, pela empatia nem pela justiça. Nem por deus. Foi preciso documentar o óbvio da vida como um direito, como você escreveu, e nem assim, Jamil. No fim da adolescência já concordava com Nietzsche, não era possível acreditar em um deus que queria ser louvado o tempo todo com tanta dor por aí. Ofende nossa inteligência recorrer ao livre-arbítrio para explicar as desgraças enquanto não pudermos determinar nossa posição em relação ao Equador, nascer homem ou mulher, branco ou preto, herdeiro ou miserável num mundo onde essas variáveis determinam a dignidade que o sujeito pode almejar. Gente de fé viva, como o arcebispo Tutu e o padre Júlio, que você citou, orienta a oração para a ação. Quem disse isso foi Tiago, está na bíblia, "crês que há um só Deus? Estás muito certo. Mas lembra-te que os demônios também creem e tremem! És uma pessoa bem insensata se não conseguires compreender que a fé sem obras não vale de nada". Gente de fé viva compreende a urgência da ação porque se preocupa com a vida dos outros, não com o que os outros fazem da própria vida.

Lembro de um trecho de *Anna Karenina* em que Lievin comenta com o sogro, no processo de sua conversão, que não saberia educar o filho apenas com a força de sua própria palavra e conduta, era preciso recorrer à autoridade de deus. É curioso, porque esse deus único e uno, masculino, infalível, total e viciado em obediência é fiador histórico das maiores barbaridades, de guerras e fogueiras ao bolsonarismo. Jamais uma associação de ateus fez tanto estrago e maldade. Talvez por exercitar mais a ética que se dá "entre", sem o acolchoado da moral que vigia "sobre" e fatalmente transforma todo moralista em hipócrita.

Deixei deus para lá, Jamil, como poemou Leminski, ele que cuide dos seus assuntos, eu fui cuidar dos meus. Podia até admitir que esse terrível deus da bíblia (e de vigaristas em geral), severo e chegado numa carnificina, fosse pai de Jesus e criador de todos nós, isso explicaria muita coisa, mas, se Jesus se confundia com aquele deus sádico, por quem Abraão quase sacrificou o filho como prova de obediência, então melhor ser comunista.

No entanto,

ah, no entanto.

Se a crença no deus transcendente constrange minha intuição e meu discernimento, a ideia de uma imanência divina restitui a boniteza que preciso colocar nas coisas para que façam sentido. É possível admitir o encantamento do divino sem as bobagens do sagrado. Não gosto das doutrinas que rebaixam o corpo a um lugar onde o pecado pode acontecer e que afirmam que o sofrimento e a privação do corpo são virtudes agradáveis a deus. A vida como uma *via crucis*, que chamamos, morbidamente, de "sacra". Deleuze, em um texto sobre Espinosa, levantando a questão do filósofo sobre "o que pode um corpo", nos diz que o poder tem interesse em nos comunicar afetos tristes, aqueles que diminuem nossa potência de agir. "O tirano, o padre, os tomadores de almas têm necessidade de nos persuadir de que a vida é dura e pesada. Os poderes têm menos necessidade de nos reprimir do que de nos angustiar [...]. A longa lamentação universal sobre a vida: a falta-de-ser que é a vida..."

Acho que a hierarquia da mente sobre o corpo humilha a potência da vida. Daí que as questões que você coloca na sua carta, sobre a intromissão da tecnologia no que nos é mais íntimo, no nosso desejo, nos nossos afetos, nas nossas crenças, me perturbam. Estamos cada vez mais sentados. Nossos olhos jamais puderam ver tão longe, mas olham sempre para o mesmo lugar, esse, onde você me lê agora. Ah, Jamil, o corpo pode mais.

Eu assino com Eduardo Galeano, que escreveu que, enquanto a igreja diz que o corpo é uma culpa, a ciência diz que é uma máquina e a publicidade diz que o corpo é um negócio, *"el cuerpo dice: yo soy una fiesta"*.

Eu acredito na fé. Talvez porque fé em nada hospede uma tristeza, não a que vem do desgosto, mas aquela das coisas desprovidas de mistério. Uma tristeza simplória, que não dói, mas enfeia. E acredito nos milagres. Gosto de pensar no sentido da origem dessa palavra bonita. Milagre. Do latim *"miraculum"*. Do verbo *"mirare"*, que quer dizer "maravilhar-se": sentir o peito enchendo-se de leite ao escutar o choro do filho, escapar por pouco, salvar uma vida, se apaixonar perdidamente são coisas que podem ser explicadas pela ciência e pela cultura e também são milagres, pode reparar.

Achei bonito o que você escreveu sobre usar sua fé como instrumento. E pensei que, talvez, o destinatário da oração seja menos importante do que a fé que investimos nela. Você escreve, você cria, você sabe. O que move as montanhas é o desejo expresso no que criamos. Ritos, orações, laços, textos, pontes, filhos. Escutei o genial Luiz Antônio Simas falando sobre sua vivência no candomblé. Quando perguntado se crê, ele responde: "Eu acredito. Mas eu acredito, sobretudo, porque é bonito. E mesmo que eu não acreditasse, eu continuaria batendo cabeça aos pés do orixá porque é bonito e a gente precisa desse encontro, dessa dimensão da beleza incessante do que a gente pode ser no mundo".

Termino te oferecendo esta oração, querido amigo: que você não perca a dimensão da beleza incessante do que podemos ser no mundo. A desesperança é contrarrevolucionária.

Com carinho e o meu melhor abraço,

Juliana

Ps.
Eu menti.
Ainda me benzo em uma única situação,
posso estar sentada entre Freud e Marx,
pelo sim, pelo não,
sempre vou me benzer
na decolagem do avião.

Quem morre de fome no século XXI, morre assassinado

Roma, 14 de março de 2022

Querido Jamil,

Há uns dois anos, Anita pediu que eu indicasse, entre suas várias criações de Lego, a minha preferida. Escolhi uma bem alta, enfeitada de flores e colunas romanas. Ela concordou que era a mais bonita e, então, decidiu que aquela seria a mais barata de sua loja. Achei curioso e fiz uma pergunta tola, irrefletida: "Por que a mais bonita é a mais barata?". E a menininha de 5 anos respondeu, por óbvio, "Porque assim todos podem ter".

Algumas vezes tive de explicar, com a pouca vontade que sentimos diante do dilema de enganar ou desenganar os filhos, por que nem todos podem ter. Já tive de falar sobre sexo e sobre morte. Com desassombro e um pouco de delicadeza, não é complicado encontrar o tom. Mas desafino quando tento explicar a sociedade em que eles estão crescendo. Não posso ser resignada, não posso ser desesperada, não quero ser hipócrita.

É difícil encontrar uma voz que se preste a dizer do nosso mundo, corrompido por uma lógica que suporta a indecência do desperdício diante do olhar dos miseráveis e não se escandaliza em manter patentes de medicamentos mesmo durante uma pandemia dramática como a da covid-19. Que, a despeito de sua vocação, talento ou desejo, eles só serão cidadãos, com supostos plenos direitos, se, antes, forem consumidores. Esse é o passaporte para a vida digna que eles – e a Declaração Universal dos Direitos Humanos – consideram uma prerrogativa da espécie.

Talvez a evidente contradição entre os valores que ensino como justos e aqueles que regem o sistema tenha culpa na minha falta de jeito. Termino constrangida, porque, assim como ontem, amanhã vou acordar operadora e operária do empreendimento que denuncio. Tolerando o que defini como intolerável. As crianças não são bobas. No final, seus olhos não perdoam, "e aí?". Eu digo que amanhã tem aula, que eles precisam dormir e tento não me lembrar de que quando a prefeitura de São Paulo instalou blocos de concreto embaixo do viaduto para que os pobres não pudessem sequer dormir protegidos da chuva, só um homem, o padre Júlio Lancellotti, se comoveu. E foi lá tirar. Um só.

Nosso modelo é produtor de injustiças tão infames que é preciso consagrá-lo como um tipo de verdade, para que mesmo os que sofrem possam se alienar nele. O contraditório é desmoralizado, satanizado, esvaziado do seu conteúdo socioeconômico para virar, em mãos maliciosas, um espantalho com a cara de Stalin ou Mao, afugentando do campo das possibilidades qualquer lógica que não tenha como centro o acúmulo de capital. Desqualificar como delirante ou mal-intencionado, antes que se instaure o debate, a ideia de comunitário, é assim que roubam nossa alma e nos persuadem de que não há outro mundo possível.

Eu, tão maledicente do *status quo*, me escutei aludindo à minha filha que ela poderia lucrar mais aumentando o preço do artigo mais cobiçado de sua loja, que foi a surpresa embutida na pergunta que fiz. Não espanta que sejamos capazes de introjetar conceitos tão imperfeitos e sem charme como "tempo é dinheiro" e nos rendamos a esse escambo sem refletir que o tempo não é nada menos que o assoalho onde encenamos a breve história da nossa existência. O sistema tem na pilhagem do nosso tempo um de seus componentes mais perversos. Ao reduzi-lo a dinheiro, destitui seu valor. Transforma o tempo "livre" em mercadoria. Às vezes, apenas um brinde. Produto à disposição dos consumidores, não dos cidadãos.

"Eu tenho direito a esse tempo. Esse tempo pertence a meus afetos. É para amar a mulher que escolhi, para ser amado por ela. Para conviver com meus amigos, para ler Machado de Assis. Isso é o tempo", disse o mestre Antonio Candido. Você sabe, Jamil. Não é difícil aderir a esse ideal. A dissidência ocorre quando insistimos que, se o direito ao bem viver não é de todos, se transforma em um repugnante privilégio de uns sobre os outros. Nessa hora, alguns me olham com comiseração, como se eu estivesse defendendo chafariz de vinho nas praças e chuva de mirtilos aos domingos, e não algo tão concreto, alcançável e possível como justiça social.

Sabe aquela máxima que os reacionários gostam de repetir, de que um jovem que não seja socialista não tem coração e um adulto que assim permaneça não tem cabeça? Aos 20 anos eu enfrentava esse dito com a arrogância e a bravura típicas. Depois dos 40, entendo que o que ele denuncia nos progressistas não é a ingenuidade, mas a insistência de incluir todos na conta. Já não somos escoteiros nessa luta, meu caro amigo, e se mantemos a revolta é porque aprendemos com Galeano que nossas utopias servem para nos manter caminhando. Caminhamos 10 passos, as utopias correm 10. Às vezes, como agora, correm mais. Estamos perdendo. O cinismo dos que debandaram para o outro lado talvez seja uma tentativa de saída honrosa, em que a resignação e a perícia adquirida no jogo escondam a corrupção do espírito.

Desculpe se não posso lhe mandar notícias amenas desse fim de estação. Queria te contar dos carnavais que vi antes da covid e sonhar com os que, oxalá, virão, mas aqui do lado começou outra guerra e a palavra escrita é a nossa trincheira. Tampouco posso falar da expectativa pela primavera quando nosso país se coloca em marcha, cada vez mais acelerada, na direção das piores deformidades do sistema. Não convém ignorar os sintomas mórbidos, como Gramsci chamou os eventos que sucedem quando o velho está morrendo e o novo não pode nascer.

No primeiro mês do ano, mataram, no Rio de Janeiro, de tanto bater, mais um homem negro, um imigrante congolês, empobrecido, que fugia da violência em seu país. Escapou de um território conflagrado e foi assassinado em outro, em um bairro "nobre", repare na exatidão vergonhosa do termo, na Barra da Tijuca. O nome dele era Moïse Kabagambe. O resto, o resíduo, o bagaço. O ser humano a quem o sistema só oferece exploração e morte. No Brasil, na África ou aqui, na civilizada Europa. O sistema é também estruturalmente racista e xenófobo. No dia do assassinato, seu primo foi filmado dizendo, aos prantos, que "o Brasil é uma mãe, segunda casa, como que vai matar um irmão trabalhando?".

Respondo: com pau, pedra, taco, soco, bala, fome, doença, negligência, abandono, política, com o que for. O Brasil nunca foi uma mãe. O Brasil é um senhor de escravos, branco, herdeiro imoral do que foi roubado ou arrancado sob a dor da chibata. O Brasil é o genitor que abandona, quando não mata, os que antes violentou. A ficção da mãe gentil serve para acobertar nossos crimes e perpetuar privilégios. Também os meus e os seus, Jamil. E os dos nossos filhos brancos. Nós somos os "sonsos essenciais", como escreveu Clarice. Moïse morreu sem atrapalhar o sábado: o quiosque permaneceu "funcionando normalmente", o cadáver no fundo da cena. E a resposta do poder a essa selvageria foi oferecer à mãe o direito de trabalhar, ganhar seu pão, no lugar onde o filho foi assassinado a pauladas. Sua morte como propaganda e atrativo do novo empreendimento cultural. Isso é imoral de tantas formas.

Bertold Brecht escreveu que "não se pode levar a sério quem denuncia as brutalidades do fascismo, mas não combate o capitalismo. Estes não são contra as relações de produção que produzem a barbárie, apenas são contra a barbárie".

Quero saber dos horizontes que você vê daí, para onde convergem tantos interesses do capital mais obscuro e perverso. Aqui, contei as esperanças desses dias difíceis e capturei ao menos uma. Ao perguntar sobre o país onde nasceu, Gael introduziu a questão com "Mamãe, quando o Brasil foi invadido…". Eu senti um quentinho. Situar-se corretamente no passado parece um bom começo para a tarefa de inventar o futuro. Eles terão de lutar mais e melhor do que temos sido capazes até agora. E talvez meu embaraço ao tentar explicar as desigualdades reflita certo constrangimento em reconhecer e insistir – recorro outra vez a Brecht – "que os bons foram derrotados porque eram fracos, e não porque eram bons". O problema não são nossas utopias, isso é preciso ter sempre em mente, porque, sem esse norte intransigente, o coração vacila.

Um beijo,

Juliana

Genebra, 15 de março de 2022

Prezada Juliana,

Olhando para o chão, vejo vários papéis amassados, formando um estranho campo minado de resquícios do meu fracasso. São as outras versões da resposta à tua carta que eu preparei para te mandar. Palavras em folhas contorcidas e que, mesmo antes de serem descartadas, pareciam que não faziam sentido.

Tua ousadia, sensibilidade e coragem em tratar da questão da injustiça me deixaram em silêncio por algumas horas. Como colocar sentido em uma irracionalidade profunda? Como encontrar respostas racionais para uma questão que desafia nosso traço mais profundo de humanidade?

Tento imaginar como as gerações futuras vão nos olhar, nos julgar e nos condenar. E estou convencido de que um dos aspectos que não vão conseguir explicar é como nós, diante da riqueza que o mundo produz diariamente neste início do século XXI, continuávamos a viver uma disparidade obscena de renda e de condições de vida sem nos rebelar.

A desigualdade está em todas as nossas esquinas e teimosamente se renova com as primeiras horas de vida de cada grande cidade e suas barulhentas rotinas. A profana desigualdade é aquela que transforma a vida, para milhões de pessoas, numa prisão perpétua onde a única liberdade é a da morte.

O que mais me choca, Juliana, é que não se morre de fome por uma fatalidade. Hoje, o planeta produz alimentos para nutrir três mundos. O Brasil se gaba em dizer que alimenta 1 bilhão de pessoas pelo mundo com sua agricultura. Mas por qual motivo então o padre Júlio Lancellotti precisa agir todos os dias para garantir a vida de pessoas no centro de São Paulo?

Quem morre de fome, em 2022, morre assassinado.

Numa viagem que fiz para o interior da Etiópia, há quase 15 anos, descobri que remédios do coquetel contra a aids não chegavam a uma cidade que via sua população ter uma expectativa de vida equivalente à que existia na Europa há 200 anos.

Fui perguntar o motivo da escassez e a resposta era tão cínica quanto criminosa: as pessoas aqui não têm como pagar pelo tratamento, todos sob o controle de patentes registradas por multinacionais. Saí daquela viagem convicto de que não existem doenças negligenciadas, mas sim povos negligenciados.

Em nome do monopólio e de seus lucros, remédios que poderiam ter salvado vidas levaram quase uma década para finalmente desembarcar em solo africano. Nesse período, 9 milhões de pessoas morreram. Será que todas teriam sucumbido se os tratamentos fossem mais acessíveis?

O mais chocante, porém, foi descobrir que, se remédios não chegavam, um produto globalizado não faltava: Coca-Cola. Em 2021, mais de 10 bilhões de doses de vacinas contra a covid-19 foram produzidas no mundo. "A ciência venceu!", exclamamos com um sentimento de alívio. Mas como explicar que 70% delas ficaram em apenas 10 países? Como explicar que, hoje, 3 bilhões de pessoas ainda não tomaram sequer a primeira dose?

Com a mesma força que comemoramos os feitos de nossos cientistas, temos de gritar um "basta" sonoro. Nossa geração tem uma mancha enorme diante do fracasso da distribuição de doses.

Em pleno século XXI, 525 mil crianças morrem vítimas da diarreia. A doença pode ser prevenida e é tratável.

Ainda assim, a humanidade perde 2 mil menores por dia para ela. Num mundo que mantém estações espaciais e que ergue monumentos ao desperdício, quem morre vítima da diarreia morre assassinado.

Em muitos aspectos, o mundo vive um *apartheid* real. Silencioso? Apenas para os surdos. Ou, como diria Nelson Rodrigues, o pior cego é aquele que não quer ver. E o mundo opta por não querer ver o déficit de humanidade em zonas que, se estão no mapa, parecem ter desaparecido da consciência coletiva. E a Ucrânia é apenas mais um capítulo dessa história dramática de um mundo que não olha para o sofrimento humano da mesma forma, dependendo de quem padeça.

Uma vizinha aqui no meu bairro decidiu ir até a fronteira com a Polônia para buscar refugiados ucranianos. Trouxe 15 deles. Sua generosidade é impressionante, comovente mesmo. No conforto de sua mansão e de sua conta bancária capaz de permitir que duas gerações não trabalhem, seu gesto de arregaçar as mangas foi certamente a maior aventura na qual ela já mergulhou.

Mas onde estiveram ela e tantos outros quando os sírios, afegãos, eritreus, congoleses e iraquianos naufragavam com seus sonhos e seus filhos na busca por segurança? Por qual motivo a fronteira vale para uns e não existe para outros?

Desde 2014, 24 mil pessoas já morreram tentando cruzar o Mar Mediterrâneo, em busca de vida. Insisto, Juliana, como vamos explicar no futuro essa pornografia moral? Quem morre afogado no Mediterrâneo morre assassinado. Numa das viagens que fiz ao lado de refugiados, senti uma enorme vontade de vomitar quando chegamos à fronteira entre a Sérvia e a Hungria. Enquanto caminhávamos, helicópteros enviados por Budapeste sobrevoavam nossas cabeças. Abriram as portas dos aparelhos e jogaram dos céus algo que, num primeiro momento, não conseguíamos distinguir. Para o choque de todos, víamos caindo pelo chão papéis com mensagens do governo húngaro, em árabe e em inglês. "Vocês não são bem-vindos e qualquer um que cruzar a fronteira ilegalmente será detido".

Esta semana, conversei com uma das refugiadas ucranianas que foi acolhida pela família de milionários do meu bairro. Ela me confessou que ainda não aceitou que é uma refugiada. Afinal, completava a anfitriã, eram ricos, artistas, sofisticados e lindos, homens e mulheres. Enquanto ela falava, fiquei pensando no maestro da orquestra de Bagdá que encontrei na fronteira entre o Iraque e a Jordânia, depois da queda de Saddam Hussein. Ele vivia numa barraca imunda doada pela ONU, num deserto. Naquele dia, ele me contava: a pausa em sua vida já durava quatro anos de compassos de espera. Juliana, esta não é certamente a carta que gostaria de te enviar, enquanto o Sol tenta romper os obstáculos do inverno europeu e nos anuncia que a primavera está chegando.

Mas, da mesma forma como nosso poeta chileno já declarou que a primavera não se pode deter, essa revolta que sinto tampouco consigo controlar. Não haverá paz enquanto não houver justiça social. E não haverá justiça social enquanto não ampliarmos a noção de humanidade para... a humanidade.

Tenho, porém, uma esperança. A de que existam cada vez mais vozes alertando que a era do mundo infinito acabou. Na verdade, nunca existiu. Mas, insuportável, nosso modelo de vida está revelando ser insustentável. Ele nos levará a novos desastres. Sociais, ambientais e morais. A primavera das consciências, regadas por resistência, já dá os primeiros sinais.

Outra esperança permanente que tenho é por uma nova carta tua, com palavras que me sirvam ao mesmo tempo de binóculo e lupa para decifrar nossa alma. Te conto um segredo? Meus filhos descobriram um truque para saber quando tuas cartas chegam. Segundo eles, basta reparar nas paredes já capengas da caixa do correio aqui de casa. Diante de teus poemas sinfônicos, aquela pobre caixa ecoa como um Teatro alla Scala, se contendo no frágil equilíbrio de um velho alicerce de cimento para resistir à revolução que tuas palavras causam.

Deixo aqui para você e aos teus
um beijo repleto de luta.

Jamil

O tema de todas as épocas

Genebra, 19 de abril de 2022

Querida Juliana,

Você deve já ter percebido como a primavera aqui no Hemisfério Norte trouxe de volta aquelas aves e suas melodias que tinham migrado para regiões mais amenas do planeta. Confesso que por vezes eu as invejo. A inexistência de um passaporte, de um documento no qual o Estado diz solenemente ao restante da sociedade que eu sou realmente eu. Será que não confiam que eu saiba quem sou?

Esta nossa primavera, porém, apresenta uma trilha sonora diferente. Sinto o chão tremer. São os sons dos passos acelerados e tensos de embaixadores e negociadores aqui nos esterilizados corredores da ONU, incertos sobre nossa frágil existência. São os ecos das bombas que estão sendo largadas diariamente sobre famílias aqui ao lado, na Ucrânia. São os sons de cadeiras de madeira se contorcendo ao sustentar autoridades que já não conseguem se acomodar ao debater abertamente nas salas de reuniões daqui a opção que silenciaria tudo, a opção nuclear.

Será que sabemos de fato quem somos?

A palavra "guerra" retornou à Europa, que pensava que havia superado a destruição como arma política. A cidade de Maria, Mariupol, se transformou em mais uma mancha de nossa geração e entrou para a obscena lista de locais que a humanidade teve o feito de apagar do mapa. De Cartago a Aleppo, passando por Stalingrado e Hiroshima, histórias e famílias transformadas em cinzas.

Mas a guerra não aconteceu num vácuo. Antes dos sons das bombas criminosas e injustificáveis, tivemos por anos o desafinado diálogo entre surdos. Ao longo desses mais de 20 anos percorrendo alguns desses campos de batalha, entendi que há um elemento que é destruído antes mesmo de o primeiro menino ser transformado em herói póstumo pela bravura que ele nunca teve: a confiança.

Em sua ausência, todos são suspeitos. Todos são inimigos. Tudo é justificado. E, em todos esses locais, sempre me fiz a mesma pergunta: se uma guerra jamais termina no campo de batalha, como ressuscitar a confiança para permitir que, em luxuosos hotéis de Genebra, Oslo ou Viena, criminosos cheguem a acordos? Confiança, que serve de alicerce da utopia da paz, tem sua origem na palavra em latim *"confidere"*. O sufixo *"-fidere"* não é outro senão a tradução do conceito da fé.

Lembro-me de ter parado numa espécie de armazém numa estrada entre a Sérvia e o Kosovo e ter vivido essa "fé" de uma maneira única. Quando meus colegas jornalistas e eu entramos no local, o vendedor tinha uma arma sobre o mostruário, como num aviso aos visitantes de que ali a regra era ele quem estabelecia. Não vi em nenhum lugar uma placa com o telefone do serviço de atendimento ao cliente. Ao ver que falávamos inglês entre nós, seu semblante foi se fechando. Colocou a mão sobre a arma e não tirou mais. Impossível saber o que ele fez durante aquela guerra que tinha acabado de terminar.

Desgastado, surrado e ainda vestindo um velho casaco militar, ele acompanhava cada um de nossos movimentos com olhos atentos. Como se estivesse em uma trincheira protegido por seu balcão. Num certo momento, ele dispara uma pergunta acusatória e plena de sonoridade em minha direção: "*Amerrikan?*".

Eu sabia o que queria dizer aquela única palavra, num país que até hoje vive uma desilusão diante dos bombardeios de Belgrado pela Otan. No fundo, ele estava me perguntando: "inimigo?". Respondi quase com um pedido de desculpas: "*No, no. Brazilian*". E uma magia aconteceu. O sérvio abriu um enorme sorriso, largou a arma e colocou as mãos ao ar, bradando: "GIULIANA!".

Juliana, se fosse hoje, eu certamente teria pensado que teus incríveis textos já teriam sido traduzidos ao sérvio e chegado a ele, por isso a celebração ao teu nome. Mas, há 20 anos, eu não sabia do que ele falava. Vendo que eu estava perdido, ele ampliou seu argumento: "Giuliana, Matteo", enquanto imitava alguém chorando. Naquele instante, eu acho que passou por sua cabeça que minha declaração de nacionalidade era uma fraude.

Inconformado, ele abriu uma cortina que dava para os cômodos da casa e chamou a família inteira para falar comigo. Sua filha era a única que arranhava inglês e me explicou que o pai se referia à novela *Terra Nostra*, que naquele mês estava passando na TV sérvia. Numa zona de guerra, com o ódio estampado em cada esquina e onde as feridas estavam ainda expostas nas paredes repletas de buracos de balas, nos tornamos melhores amigos em questão de minutos. Todos pareciam emocionados, inclusive eu, por saber que a arma não seria usada.

O único contratempo naquele encontro foi quando a mãe decidiu me perguntar o que ocorria no final da novela. Como explicar que eu não tinha a mínima ideia? Será que desconfiariam do meu passaporte? Mas aquele encontro que poderia ter sido retratado num quadro surreal me colocou uma questão mais ampla do que aquele mero acaso: o que determina a confiança entre as pessoas? Quem tem o poder do diálogo quando as pontes, como a de Mostar, foram destruídas?

Anos depois, fui à região de Darfur, no Sudão, teatro do primeiro genocídio do século XXI. Tive de ficar hospedado em um local que era controlado pelo governo de Omar al-Bashir, o ditador que anos depois seria condenado pelo Tribunal Penal Internacional. Com alguns sudaneses, saí em um carro para visitar as áreas afetadas pela guerra. A fragilidade daquela paz fictícia exigia que fôssemos acompanhados por uma pequena milícia armada.

Ao retornar para a base, mais de oito horas depois, um erro do motorista quase foi fatal para todos nós que estávamos naquele carro. Enquanto nos aproximávamos do portão, os soldados que guardavam a entrada da área se colocaram rapidamente em posição de ataque, mirando suas armas em nossa direção. E prontos para nos metralhar.

Eu, sentado ao lado do condutor, fui jogado para baixo do banco por um dos sudaneses que estavam no carro, temendo que eu fosse o primeiro a ser baleado. Por longos segundos, ficamos imóveis, até que o motorista em absoluto pânico e tremendo se lembrou de que teria de fazer certos sinais com os faróis do carro ao se aproximar da zona controlada pelo governo, num código para que as forças genocidas entendessem que não se tratava de inimigos.

Saí daquele dia com uma pergunta: quanto tempo leva para que a confiança seja destruída e para que um sinal errado faça eclodir uma tragédia? Nessa semana, enquanto estendíamos roupa no varal de casa, meu filho Pol e eu éramos obrigados a falar com força para competir com os sons dos passarinhos sem passaporte. Em um certo momento, ele me fez um apelo: "Papai, quando conversarmos sobre a Ucrânia, você poderia usar outra palavra e evitar dizer guerra? Me dá muito medo".

Larguei as pinças e dei um abraço nele para lhe trazer algum tipo de segurança. Mas, em silêncio, eu dizia: eu também estou com medo. Depois de uma pandemia que nos extirpou o abraço, a guerra vem prolongar um túnel escuro da destruição. O fim da era da incerteza foi de forma perpétua adiado? Numa guerra, independentemente de quem vença, todos saem derrotados. A única certeza que temos é de que, quando os tanques forem silenciados, a tarefa que será colocada diante de nossa geração é das mais desafiadoras: reconstruir a confiança, profundamente abalada e ampliada ainda por um constante discurso do ódio, pelas redes sociais e pela fratura profunda de sociedades.

Ao contrário das lágrimas da Giuliana da novela, as nossas são reais. Responsabilizar os criminosos de guerra ou de uma pandemia é um imperativo moral. Isso certamente nos ajudará a secar as lágrimas. Mas, para apagar as fendas que elas nos deixaram em nossos rostos, teremos de ir além. Não há Justiça que devolva os filhos levados pelos conflitos. Não há vingança que faça renascer os mortos.

Juliana, a reconstrução de uma paz duradoura baseada num sentimento de fé mútua exigirá de nós a busca por resgatar o projeto de construção do conceito de Humanidade. Nos últimos dois anos, essa noção foi enterrada entre os escombros das bombas e do vírus, do nacionalismo e do negacionismo. Ela foi vítima da destruição promovida pela ganância e pela obscenidade do desprezo.

Recuso as medalhas no caixão como compensações pelo assassinato de utopias íntimas. Rejeito a bandeira solenemente entregue a uma mãe órfã do sonho de ver seu filho crescer.

Não há tempo a perder nessa longa obra do resgate da paz que o destino encomendou para nossa geração. Tenho pressa.

Vem comigo, Juliana?

Jamil

Roma, 20 de abril de 2022

Querido Jamil,

É a terceira vez que inicio este texto. As andorinhas já cumpriram a parte romana da rota há algumas semanas. Finalmente, depois de dois anos, desenharam o céu sem a concorrência dos helicópteros trazidos pela covid-19. É emocionante. Estamos conseguindo controlar a pandemia, e o início da primavera trouxe dias tão claros e com tanta luz que foi difícil encontrar espírito para te responder sobre a guerra. Hoje está chovendo, talvez eu consiga.

Tudo parece já dito, desesperançado e inócuo. Lembrei que, no verão de 1932, Einstein escreveu para Freud, perplexo e implicado, como você, sobre o mesmo assunto. Parece ser o tema de todas as épocas. O gênio da física, um pacifista declarado, investigava alguma forma de livrar a humanidade da ameaça da guerra. O mundo não havia se recuperado da tragédia da Primeira Guerra Mundial e atravessava uma forte crise econômica. As tensões sociais haviam se agravado, o totalitarismo havia se enraizado. No ar, o temor de um novo conflito. Einstein sugeria, com certo entusiasmo, o esforço coletivo para a criação de um tribunal internacional, que tivesse poder de mediar e coibir o despropósito da guerra, em uma tentativa valorosa de deslocar a violência para o campo da palavra.

A carta encontrou um destinatário pessimista. Freud não acreditava que a paz fosse argumento forte suficiente para que os países renunciassem a parte de suas soberanias. Além disso, um tribunal mundial que tivesse tanta força para impor seu juízo teria, ele próprio, uma violência indiscutível. Por fim, acreditava que não seria possível – nem desejável – acabar com as inclinações agressivas dos homens, apenas almejar que encontrassem destinos outros que não a insanidade da guerra. Sua aposta era que "tudo o que estimula o crescimento da civilização trabalha simultaneamente contra a guerra". O que eles diriam se soubessem que, em 2022, embora esta carta viaje de Roma a Genebra pela pressão de um dedo sobre o teclado e sejamos capazes de desenvolver próteses para membros amputados obedientes ao pensamento, continuamos jogando bombas sobre pessoas e cidades. Compartilho o desalento da carta de Freud. Quando começamos a registrar a história, começamos a registrar a guerra. Todo ser humano que nasce é seu contemporâneo. Parece que somos, Jamil, a despeito de todo o nosso potencial, uma espécie que faz a guerra.

Sei que você não espera de mim a solução que nem Einstein, nem Freud, nem a ONU ou qualquer tribunal conseguiu dar. E é assustador o quanto somos capazes de nos alienar do horror, embora haja guerra por toda parte.

Às vezes, é apenas uma questão de nomeação. E o nome tem consequência. Putin não chama de guerra a sua invasão. Brincadeira ou *bullying*, golpe ou *impeachment*, crime passional ou feminicídio, ditadura ou revolução. Como chamamos as coisas diz de que lado estamos.

Não chamar de genocídio o assassinato de pessoas negras no Brasil é uma forma de naturalizá-lo, e isso é tomar lado. Não chamar de crime cada dia de omissão, boicote e atraso do governo brasileiro em relação às políticas de combate à pandemia é tomar lado.

Não reconhecer como guerra civil o impacto humano do conflito entre o crime organizado e as autoridades, em um país como o Brasil, é tomar lado.

Por que não é chamado de guerra o longuíssimo conflito mexicano, no qual já morreram mais de 300 mil pessoas de

2006 para cá? Mais gente do que no Afeganistão, três vezes mais que na Bósnia. Quando a palavra "guerra" fica escondida debaixo de tantos corpos, há que se olhar os corpos de perto. Quando o caos da guerra tem pretensão ordeira, uma contradição evidente de termos, como "guerra às drogas" ou "guerra cultural" ou "guerra preventiva" ou "guerra santa", também.

O que não é crime, em uma guerra, para acordarmos os "crimes de guerra"? É preciso que exista alguma permissão, ou o limite seria riscado com o primeiro tiro. Esse é o consenso que conseguimos construir até aqui. Parece que a paz nos exigirá providências mais sofisticadas, guiadas mais pela razão do que pela racionalidade, radicalmente afetivas, não apenas iluminadas, mas também aquecidas pelo fogo de Prometeu. Brecht defendeu que é preciso retirar o misticismo preguiçoso das palavras. Chamar as coisas pelo seu verdadeiro nome. Porque antes de os elegantes considerarem a monstruosidade de um ataque nuclear pelos corredores das Nações Unidas, normalizamos a matança de pessoas que estão longe, que são pobres, que têm outra cor, que professam outra fé, que têm outros ideais, outra língua, outro uniforme, por território, por dinheiro, por recursos, por poder, por estratégia, segurança, retaliação, desacordo. Os motivos são tantos que pode ser qualquer um. Suportamos a ideia de gente que mata gente. "A paz parece ser a guerra em outro lugar", Paul Valéry não poderia ser mais preciso.

Quando Putin invadiu a Ucrânia, a resposta de Anita às minhas explicações sobre a nova guerra foi simplesmente "que burrice", enquanto Gael pensou em três ou quatro soluções, as diplomáticas e as fantásticas, antes de concordar com a irmã que a guerra é, sobretudo, uma burrice dos adultos. Em sua carta, Freud dá razão ao veredito das crianças quando diz que a comunidade humana deveria subordinar os instintos ao domínio da razão e que "a guerra se constitui na mais óbvia oposição à atitude psíquica que nos foi incutida pelo processo de civilização". Burrice, pois.

Eu entendo que o domínio da razão é costurado com a linha do amor, não aquele romântico, mas o que contém a centelha da inteligência, o sopro que fez nossa espécie supor deuses, inventar vacinas, voar, fazer arte.

Eu queria que, antes de considerar a guerra, considerássemos a vida com a gravidade que lhe é devida. Como uma mulher considera a vida recém-nascida. As mães sabem que, por muito tempo, seus dias são guiados por este único imperativo: que seu bebê sobreviva. Que não morra. Por isso, lhe adivinhamos o frio e a sede e checamos, obsessivamente, se continuam respirando no berço. Antes de amar, cuidamos. Vigiamos. Queremos que nossos filhos vinguem. E, depois que crescem, queremos que continuem vingando nosso investimento amoroso sendo felizes e realizados. Vingança, no glossário materno, é um substantivo que tende à vida, não à morte.

A escritora ucraniana Svetlana Aleksiévitch escreveu um livro sobre a guerra que as mulheres contam. Não há relatos do heroísmo de matar, não são lembradas as estratégias, as batalhas, o nome dos generais ou suas condecorações. Não há os vencedores e os derrotados da maneira burocrática como os homens dividem o espólio humano da guerra. As perguntas mais desafiadoras são as mais simples. Em um momento a autora escreve, e isso me toca tanto: "como uma pessoa fica a sós com essa ideia absurda de que pode matar outra?".

Nesse livro forte e comovente, leio que Sófia se assustou quando fez carinho, pela primeira vez, em uma criança alemã feita prisioneira, depois se acostumou. Natália levava pão para o refeitório quando percebeu os olhos famintos de um menino, correu até ele, lhe deu uma bisnaga e ficou feliz, "feliz por não poder odiar". Anastassia, que se alistou voluntariamente, fascinada pelo mundo militar, jamais voltou a vestir uma calça depois que a guerra terminou, não consegue, apenas saias e vestidos. Elena, que estava no *front*, conduziu uma cabra até deixá-la aos cuidados de um vilarejo, "era um ser vivo, também estava com medo". Segundo Vera, a garota mais bonita de seu pelotão morreu queimada, poderia ter se salvado se tivesse abandonado os feridos. Lola disse que o mais terrível na guerra não era morrer, mas morrer de cuecas, "com uma aparência ridícula". Maria levou uma mala de bombons para a guerra. Irina percebeu que um dos dois homens feridos que ela arrastava, à noite, pelo bombardeiro, era alemão, "os dois estavam queimados, pretos, iguais", e, ainda que estivesse tão cansada, não pôde abandoná-lo. Ester, que havia sido piloto, disse que, por três anos, enquanto lutou na guerra, não se sentiu mulher.

A fabulosa poeta polonesa Wisława Szymborska escreveu que "depois de cada guerra/alguém tem que fazer a faxina/colocar uma certa ordem/que afinal não se faz sozinha". Eu penso que, nos assuntos da guerra, deveríamos consultar quem faz a faxina. Quem se lembra dos chocolates. Sobretudo, quem não quer morrer de forma ridícula. Aqueles que conservam esses traços inequívocos de humanidade, em vez dos que se lançam, pela força, para fazer valer sua vontade, como as espécies que chamamos irracionais.

Apenas seis anos depois da ilustre correspondência, começou a segunda grande guerra. Freud fugiu de Viena para o exílio, em Londres. Einstein terminaria nos Estados Unidos. Noventa anos depois, outra guerra castiga a Europa, e nós dois, Jamil, como eles, trocamos cartas com a esperança de dividir a revolta e dar conta da irracionalidade de mais uma guerra.

Na última página do seu livro impressionante, Svetlana traz esta reflexão do pós-guerra: "meu bem... As pessoas se odeiam tanto quanto antes. Matam de novo. Isso para mim é o mais incompreensível... e quem são? Nós... somos nós...". Freud pergunta quanto teriam de esperar até que todos os homens se tornassem pacifistas como eles. Quase um século não foi tempo suficiente. Espero que, daqui a 90 anos, nossos netos não atualizem essa mesma carta e possam contar da primavera, das andorinhas, das saudades e dos pesares. Mas da guerra, não. A guerra terá ficado na história da construção da civilização. E será com escândalo, quase incredulidade, que lerão sobre ela. Para isso, precisamos de respostas que não sejam apenas mais lei, mais autoridade, mais instituições, declarações, punições. Nada disso funcionou.

Portanto, meu querido companheiro, ao seu convite respondo que sim, vamos. Mas, dessa vez, precisamos inventar outro caminho.

Com todo meu coração,

Juliana

A democracia é uma promessa

Roma, 24 de maio de 2022

Querido Jamil,

A ajuda que te peço hoje tem demanda de urgência. No próximo mês, vou com minha família ao Brasil e temo que a alegria dos encontros e o calor da nossa terra já não possam disfarçar o rancor que nos divide. Não sei como explicar para meus filhos que algumas das pessoas que eles mais amam e admiram – seus avós, tios, primos, assim como tantos amigos – são partidários do que mais nos revolta, ameaça e deprime. Como justificar que gente boa apoie um homem mau? O que falta entender para que eu possa explicar?

Uma vez escutei Saramago contar que estava sozinho em um restaurante de Lisboa quando pensou: "E se nós fôssemos todos cegos?". No minuto seguinte, ele mesmo respondeu: "Mas nós estamos todos cegos". Sabemos o que o mestre fez com a tese, e hoje me encontro diante da mesma elucubração. Por isso, com a confiança que tenho em tuas lentes, escrevo para pedir: me ajuda a olhar?

É verdade que a história não nos autoriza o otimismo da inteligência, mas a realidade brasileira tem se mostrado tão desalentada que compromete também o otimismo da vontade. Não faz tanto tempo, acreditei que os princípios humanistas fossem irresistíveis por serem agradáveis à razão.

Que o respeito à alteridade fosse a mais sedutora, por democrática, das utopias. Que as violências, as barbaridades e os preconceitos não resistiriam à sofisticação da nossa inteligência. Mas parece que não.

Penso em Hannah Arendt, que, depois de cobrir o julgamento de Adolf Eichmann, provocou controvérsia ao considerar que o oficial nazista, responsável direto pela deportação e pela morte de centenas de milhares de judeus, não passava de um homem banal, "nem demoníaco nem monstruoso", um burocrata, nada extraordinário, o tipo que hoje se autointitula "gente de bem", como tantos que nos assombram no Brasil. Um funcionário que, durante o julgamento, negou qualquer culpa, argumentando que era um mero cumpridor de ordens.

Mas outro personagem da Segunda Guerra Mundial, Oskar Schindler, membro do partido Nazi, funcionário do serviço de informação alemão, também tinha ordens para cumprir. No entanto, desobedeceu e, correndo todos os riscos, salvou da morte 1.200 judeus. O que diferenciava os dois homens?

Segundo a filósofa, o que impeliu o primeiro foi a mediocridade do não pensar, e não exatamente o desejo ou a premeditação da maldade. A banalidade do mal, termo cunhado por ela, apareceria como postura política e histórica, e não ontológica, que se instala por encontrar o espaço institucional criado no vácuo produzido pela ausência do pensamento.

Lembro que, por volta dos 15 anos, todo o conhecimento parecia guardado nos volumes da enciclopédia *Barsa* que meus pais compraram, como investimento, para garantir que não fôssemos ignorantes. Mas acumular informação ainda não é pensar, os verbetes não davam conta de tudo, e, por isso, eu procurava em uma Brasília pouco mais que interiorana respostas para minhas inquietações.

Foi assim que, em um fim de tarde, fui parar no anfiteatro 9 da UnB, debate com Jorge Mautner, Jards Macalé e Cassiano, sala lotada de estudantes, eu sentada no chão. Nesse dia, escutei um punhado de coisas pela primeira vez, dessas que tomam o corpo pela comichão que só o pensamento, quando vivo, provoca. Não lembro a pergunta do jovem nem de que boca saiu a resposta, mas escutei que "Enquanto o Michael Jackson puder mudar de cor e a Madonna puder performar sexo no palco, a tua liberdade e a minha também estarão garantidas".

Para a garota que eu era, esse pensamento iluminou tudo o que veio depois. Entendi que liberdade é sempre a liberdade do outro. E o moralismo e certa ideia acabada de ordem, que hoje parecem tão prestigiados, tornaram-se uma bobagem, quando não uma ameaça. "A mente não é um recipiente a ser preenchido, mas uma fogueira a ser acesa", quem escreveu isso foi Plutarco, há dois mil anos. Pensar não é apenas um imperativo humanista, mas também uma tarefa política.

Arendt questionou: "será que a natureza da atividade de pensar, o hábito de examinar, refletir sobre qualquer acontecimento, poderia condicionar as pessoas a não fazer o mal? Estará entre os atributos da atividade do pensar, em sua natureza intrínseca, a possibilidade de evitar que se faça o mal? Ou será que podemos detectar uma das expressões do mal, qual seja, o mal banal, como fruto do não exercício do pensar?".

O que você acha, Jamil? Essas perguntas parecem boas, mas serão suficientes para explicar a adesão de tanta gente ao bolsonarismo? Poderíamos adicionar a perversidade das redes e dos seus algoritmos, que, se não impedem, têm o poder de nos dirigir o pensamento. Mas, antes delas, muita gente que se pretendia boa tomou o partido do mal. A propaganda de Hitler não passou pelo WhatsApp. Mussolini não fez campanha pelo Twitter. Peço tua ajuda porque algo me escapa, não termino de entender. Todas as teorias e análises produzidas não são capazes de nos orientar para uma prática que sirva de vacina contra o mal.

Quando se esgotam os verbetes, recorro à arte. Volto a Saramago e à epidemia de cegueira que ele narrou em seu romance fabuloso. Uma cegueira particular, porque branca. Contagiosa, como a covid-19. Passada de uma pessoa a outra, como as mensagens do WhatsApp. Gradativamente, os membros daquela comunidade param de enxergar, não como uma luz que se apaga, mas como uma luz que se acende, conforme explicou o primeiro cego ao médico. São assim os cooptados pelos fanatismos. Acreditam-se detentores da verdade e, em nome dela, são capazes de monstruosidades que os horrorizariam se pudessem enxergar.

No caso do bolsonarismo, a visão é eclipsada pelo que chamam, sem nenhum rigor, de comunismo, transmutado em ameaça às suas famílias e valores, depositário de suas frustrações e ressentimentos, perdoador de seus preconceitos e ódios. E seu líder e redentor seria o único capaz de protegê-los. Mesmo que este tenha como inspiração um torturador que levava crianças para assistir ao martírio das próprias mães.

Não importa que nunca tenham presenciado orgias nas faculdades onde estudaram. Não importa que jamais tenha sido ensinado nas escolas qualquer conteúdo de incentivo ao sexo e que as denúncias mais comuns desse tipo de aliciamento venham justamente dos maiores moralistas e de tantos religiosos, quando não da própria família. Não importa que o Brasil não tenha tido um só governo socialista.

Não importa que as religiões (ditas) cristãs, em tempo algum, tenham sofrido perseguição no Brasil. Não importa o que denunciam a imprensa, os tribunais, os intelectuais, os artistas, os estudiosos; não importam sequer os fatos, a inflação, o desemprego, os mais de 600 mil mortos pela pandemia, o aparelhamento das instituições, o sucateamento dos serviços públicos e da cultura, a precarização acelerada do trabalho, o perverso aumento do custo de vida, a desvalorização da moeda, o preço impeditivo dos combustíveis, a perda de prestígio internacional, o alinhamento do Brasil com países violadores dos direitos humanos. Não importam o sigilo imposto pelo governo às informações de interesse público, a ligação com as milícias, os ataques e as ameaças diários a jornalistas e à democracia. Não importam as declarações homofóbicas, eugenistas, misóginas, racistas, autoritárias, violentas. Não importam os *slogans* flagrantemente anticristãos, os crimes ambientais, o massacre dos povos indígenas. Não importa não sabermos até hoje quem mandou o vizinho do presidente matar Marielle Franco.

Em seu *Ensaio sobre a cegueira*, apenas uma mulher não perde a visão. É a única que pode ver o horror de que os outros são capazes. Testemunha assassinatos, estupros, roubos, todo tipo de maldade, vê a imundice e a deterioração em volta, seus semelhantes convertidos em animais egoístas e cruéis. Ao que ela assiste é tão terrível que, durante a leitura difícil, diante da narrativa crua e escatológica do gênio português, desejei que ela também ficasse cega para sofrer menos. Tantas vezes me sinto como ela, testemunhando o comportamento de pessoas que me são (ou foram) caras, nosso país se arruinando enquanto a propaganda que corre pelas redes sociais serve como tapume inacreditavelmente eficiente para esses escombros.

Mas são desses escombros que o novo deve nascer, e é nessa construção que devemos concentrar nossa energia. Esperançar, em vez de esperar, outubro chegar. No romance, Saramago, que também tinha compromisso com o porvir, nos consola com um desfecho que foge do padrão clássico das distopias. "A cegueira também é isto, viver num mundo onde se tenha acabado a esperança." Tal como veio, o mal branco vai embora. A mulher que testemunha a barbárie é a memória sem a qual nenhuma reconstrução ou aprendizado é possível. E talvez seja essa nossa tentativa com esta correspondência. Em tempos de desespero, é preciso deixar registro, criar memória, convidar ao pensamento, despertar afeto, construir linguagem: é assim que as civilizações se recuperam.

Termino esta carta esperançada por tua resposta, com o pensamento sempre vivo de Galeano: "há um único lugar/onde ontem e hoje/se encontram/e se reconhecem/e se abraçam./Esse lugar é amanhã".

É lá que nos encontraremos para festar.

Um abraço apertado,

Juliana

Genebra, 25 de maio de 2022

Querida Juliana,

Tua convocação ao pensamento reabriu uma velha ferida que levo comigo há anos. Ela vem na forma de uma pergunta que, de maneira teimosa, reaparece em momentos inesperados. Afinal, o amanhã é futuro ou é presente?

No nascimento de meu primeiro filho, esse questionamento me golpeou com força quando, com Pol nos braços, eu entendi com todas as partes do meu corpo que existia naquele momento um risco iminente de que ele jamais abraçaria sua mãe. O destino, um sistema pleno de direitos garantidos a uma minúscula parcela de privilegiados e um helicóptero a salvaram. Nos salvaram. O amanhã era presente.

Uns anos depois, o cenário era completamente diferente. Mas a pergunta uma vez mais me tomou desprevenido. Eu estava numa rua que dava acesso à Praça Tahrir, ainda na parte da cidade que era controlada pela ala que lutava pelo fim do regime de Hosni Mubarak. O Cairo, naqueles dias, tinha se transformado em palco de um confronto sangrento, com homens montados em camelos abrindo a multidão com chicotes nas mãos, caças que sobrevoavam nossas cabeças e o cheiro da morte.

A resistência a um dos governos militares mais poderosos da região e amplamente financiado pelos EUA não mantinha sequer um arsenal rudimentar. A sociedade egípcia tinha passado décadas sob o rígido controle de um Exército que, de fato, garantia o monopólio do uso e da posse de armas.

Mas, num beco, entendi que ali estavam em busca do significado da palavra "amanhã". Um grupo de homens e garotos havia construído uma catapulta e, orgulhosamente, a usava para defender aquela nova fronteira entre a liberdade e a ditadura contra tanques blindados e soldados do ditador. Era uma guerra desigual. Um lado pensava que estava no século XXI. O outro, com armas medievais e delírios de liberdade, lutava para que o século XXI chegasse.

Mas, quando minha surpresa diante daquela cena foi substituída pela compreensão, me dei conta de que a arma era feita com um poste de luz que havia sido tombado e uma cesta de frutas de supermercado numa de suas pontas. A engenhoca lançava pedaços de paralelepípedos que tinham sido arrancados das ruas com as unhas daquelas pessoas. Vitrúvio jamais teria desenhado aquele pedaço de utopia com tanta esperança.

Ali, lutavam pela democracia. Naquele beco, o amanhã não era o futuro. Era presente. Eu, certo de que vinha de uma democracia consolidada e de que essa era uma luta de nosso passado, observava e escrevia sobre aqueles atos com uma arrogância indesculpável.

Como eu imaginaria que, 10 anos depois, estaríamos buscando nossas armas para defender o que pensávamos que estava em nossas certidões de nascimento? Naqueles dias no Cairo, a ideia de que nossa democracia seria colocada em risco poderia parecer tão absurda como a de que um defensor da ditadura militar e de torturadores seria um dia eleito presidente.

Agora, sei que a nossa Praça Tahrir está em cada árvore que tomba em silêncio numa floresta, em cada casal que em silêncio solta a mão na rua para evitar a violência, em cada escritora que em silêncio busca outras palavras menos polêmicas em seu texto para manter a renda de sua família.

Juliana, você me escreveu para me repassar uma tarefa das mais urgentes. Recebi tua carta dias depois de ser alvo de ameaças de morte por parte justamente daqueles grupos que muitos de nossos parentes que nos amam ajudaram a colocar no poder. Quando eu confrontei alguns deles com essa informação, o que eu fiz foi justamente tentar convidá-los a despertar o afeto, não constrangê-los. Tentei trazer para nossa casa, nossa mesa de jantar, o que significam nossas decisões.

Enquanto você começa a colocar suas roupas, presentes, sonhos e medos nas malas de sua família para voltar ao Brasil, eu volto a me fazer a mesma pergunta. O amanhã é futuro ou presente?

Se algo nesses anos ficou claro é que nada é inevitável. Como você disse, princípios humanistas não são irreversíveis. O progresso social está sendo desfeito, e a caminhada democrática, asfixiada num porão escondido em alguma portaria no *Diário Oficial*.

Não sou eu quem diz isso. Um dos principais institutos europeus, o V-Dem, na Suécia, nos conta que, entre 2020 e 2022, regredimos 30 anos no avanço democrático no mundo. Hoje, apenas 6% da população mundial vive o privilégio de se beneficiar de forma integral do sonho da democracia. Uma minoria.

A democracia não é um título que penduramos na parede uma vez conquistada. É uma construção diária e dolorida. Hoje, ela está ameaçada. E, junto com ela, o nosso futuro. No Cairo, aquele sonho também foi sepultado. Sempre me pergunto onde estarão hoje aqueles jovens orgulhosos de sua ousadia.

Mas prefiro responder a essa tua carta com um otimismo de quem acredita que incendiar as mentes é um imperativo. Se nada é inevitável, minha conclusão é de que o nosso próximo passo também está por ser definido. E o nosso destino nem sequer foi desenhado no mapa. Temos, portanto, a oportunidade de sermos cartógrafos. Todos os dias.

Essa aventura nos exige a humildade de reconhecer que nossa geração tem o dever moral de reconstruir algo novo. De desmontar o ódio, de se recusar a usar as mesmas táticas. Precisamos construir nossas próprias catapultas. Nossas armas para esperançar, e não esperar, não são as de que dispõem aqueles que precisamos enfrentar. A luta é desigual. E, justamente por isso, devemos ser otimistas.

Blindar nossa democracia contra a cegueira exige a expansão de direitos para milhões que, uma vez reconhecidos como cidadãos, lutarão de olhos abertos por ela como se lutassem por seus filhos. Pelo seu futuro.

Como sequer vamos saber quando uma democracia deixa de existir, se milhões de pessoas ainda não sabem o que ela é? Como sabemos se ela ainda sobrevive, se para muitos ela nunca chegou? Recrutar, nesse caso, é dar dignidade. Não anularemos o ódio com mais ódio.

No fundo, a democracia é uma promessa. A de que o destino está, em parte, em nossas mãos. Que temos uma voz sobre o nosso futuro.

O amanhã não é futuro se ele não for, antes, um presente fincado em uma base sólida de justiça e respeito.

Bora me ajudar a montar nossa catapulta?

Jamil

O maior roubo da história

Genebra, 1º de julho de 2022

Prezada Juliana,

Li nos jornais espanhóis uma notícia que desfarelou meu coração. A polícia descobriu na casa de um ex-carteiro mais de 20 mil envelopes que jamais foram entregues. As contas de luz, os eternos boletos e alertas judiciais estavam lá, para a sorte daqueles que não os receberam. Mas também estavam naqueles sacos de lixo milhares de cartas de amor, pedidos de perdão, convites para uma nova vida, declarações sinceras de amizade.

Nenhuma delas jamais entregue.

Fiquei pensando em quantos namoros asfixiados estavam naquelas sacolas imundas de pó. Quantos apaixonados que, diante da falta de uma resposta, fizeram suas malas e deixaram a cidade. Diante do silêncio, mudaram de vida, de amores.

O senhor que havia cometido o crime foi devidamente denunciado. Se, enquanto eu lia a história, uma certa angústia me tomava o espírito, foi a acusação que me obrigou a refletir.

No documento oficial dos procuradores, o delinquente era denunciado e detido por um crime bárbaro: "a infidelidade na guarda de documentos". Infidelidade: quantos crimes foram cometidos em seu nome!

Não é verdade que, depois de dedicar horas em um texto, buscar um papel, selo, envelope e, com o coração batendo forte, buscar uma caixa de correio, entregamos tudo à sorte. Há, entre o remetente e os serviços de entrega, um pacto de confiança. É verdade que se trata de um pacto com regras, contratos, padrões, um sistema sofisticado de envios e até uma organização internacional com sede na palpitante cidade de Berna.

Mas, acima de tudo, trata-se de um acordo de confiança mútua.

Essa mesma relação é o que marca instituições como o dinheiro. As regras existem, com seus bancos centrais e um elaborado sistema financeiro. Mas aquele pedaço de papel apenas tem um valor por existir um pacto na sociedade de que o lastro é aceito por todos.

O historiador Yuval Noah Harari usa, de fato, o mesmo conceito para a nação. Em outras palavras, ele perguntava: o que faz alguém suíço, brasileiro ou italiano, senão um pacto? A nação é uma ficção de realidades imaginadas que, ao longo de séculos, constrói uma história supostamente comum. A nação não é uma entidade física. É uma história.

Quem morre numa guerra é um jovem de 18 anos. Não uma nação.

Em nossas vidas, existe outro acordo: o da democracia. Sim, países contam com constituições, leis, tribunais e uma infraestrutura para garantir que suas regras sejam respeitadas e cumpridas.

Mas, uma vez mais, nada disso se sustentaria se não houvesse um pacto de sociedade maior.

Hoje, porém, ele está profundamente ameaçado. Numa aliança espúria entre os desiludidos pelas promessas de uma vida melhor, os frustrados pelo capitalismo, os privilegiados que se recusam a abrir mão de seu poder e os charlatães de toda espécie, nutre-se a ideia de que existem caminhos alternativos para uma sociedade.

Estariam dispostos a operar uma fraude massiva nas urnas? Estariam prontos para uma ruptura?

Mas, querida Juliana, minha impressão é de que a ameaça é muito maior e a fraude no sistema já está ocorrendo em grandes proporções. Para que o pacto da democracia e das urnas funcione, a base é a de que todos nós votaremos com pleno controle de nossas consciências.

Mas qual a legitimidade de um sistema eleitoral, se nossas preferências foram hackeadas? E se nossas decisões foram sequestradas?

Saqueadas sem que soubéssemos. Pior, com nossa ajuda. Ao longo de quase duas décadas, entregamos todos os nossos dados a um sistema sobre o qual não temos controle algum e nem sequer sabemos como funciona, onde está e quem são os donos.

Descobrimos, nos últimos anos, acordos entre essas plataformas e serviços de inteligência. Descobrimos contratos entre essas empresas e a venda de nossas informações, transformando garotos em bilionários.

Certa vez, em Londres, Julian Assange me recebeu na embaixada do Equador, onde ele fugia da polícia. Num papo longo, ele insistia que as redes sociais poderiam ser chamadas de "o maior roubo da história". E com a nossa cumplicidade.

Claro, o roubo de todos os nossos dados, nossa privacidade e, talvez, nossos destinos.

Para as redes que nos dão a impressão de serem virtuais, contamos quantos filhos temos, o que compramos, quem admiramos, quem são nossos amantes, e entregamos as mentiras para proteger um segredo. Postamos nossas alegrias e nossas tristezas.

Hoje, as redes sabem mais de mim que minha mãe. No fundo, elas me conhecem melhor que eu mesmo. Elas sabem onde eu sugeri um encontro entre a minha casa e a da pessoa pela qual me apaixonei. Ela sabe o que pensei no dia 1º de janeiro de 2016, numa madrugada de insônia, no dia do nascimento do meu primeiro filho ou em qualquer outra data. Estão armazenadas no sistema quais palavras eu coloquei num buscador e, portanto, o que eu estava pensando.

Nenhum regime totalitário, com sua ampla rede de espiões e tentativa de controle, jamais sonhou ter em mãos tal poder sobre sua população.

Mas essa, Juliana, não é apenas uma história do confisco de nossos dados, transformados em fortunas inimagináveis. Há, no fundo, uma batalha por nossas consciências. Na verdade, uma guerra total. Se eu posso saber cada uma das preferências daquela pessoa, nada me impede de levá-la a consumir certos produtos. E oferecer exatamente o que ela achou que precisava.

Nada me impede de apresentar àquele potencial consumidor um novo artista, com base nas preferências que eu sei daquele meu cliente.

E nada me impede de, eventualmente, direcionar o debate político ou social para favorecer um certo movimento político. Eu posso ensinar o ódio, o nojo e o desprezo. Eu posso erguer um mito.

O voto consciente, portanto, estaria ameaçado por um sistema capaz de criar uma realidade paralela e deslocada.

No século XXI, nossas consciências estão no centro do debate. Mas, aqui, retomo o questionamento de Yuval

Noah Harari. Sem o controle sobre nossas decisões, o sistema democrático entraria em colapso? Qual a legitimidade do voto, se minha escolha não é mais minha?

Eles saberão de nosso futuro antes de nós mesmos? Mas, se eu sei o teu futuro antes de você, eu talvez possa moldar esse teu destino, sempre deixando que você acredite que foram tuas as decisões.

Na Primavera Árabe, um cartunista amigo meu, Patrick Chappatte, rabiscou algo que revelava muito daquele momento e do otimismo que tínhamos sobre as redes sociais. Ele desenhou um encontro fictício entre Hosni Mubarak e outros ditadores da região. Pela janela do local onde os líderes autoritários conversavam, podia-se ver uma multidão que pedia democracia. E um deles questionava aos demais: quantos inimigos vocês têm hoje no Facebook?

Sim, era ainda um momento de esperança das redes sociais. Hoje, sem controle, são essas mesmas plataformas que podem cancelar a democracia. O pacto foi desfeito? Será que ele chegou a existir?

Juliana, ao te mandar esta carta, espero que o correio cumpra sua parte do acordo. Se alguém vai definir meu destino, que seja arrombando a porta da minha casa, do meu coração. E que eu esteja com minhas faculdades mentais intactas.

Há também um lado positivo disso tudo. Se um dia eu não receber mais respostas tuas, já sei que sempre poderei culpar algum carteiro infiel. Dormirei mais conformado.

Saudações sempre leais,

Jamil

Roma, 2 de julho de 2022

Querido amigo,

Nos primeiros anos deste século, eu tinha uma pequena câmera fotográfica e lembro de tentar registrar, na Trafalgar Square, certa indiferença inglesa que, à época, me parecia fascinante. Ia revelar com as fotos dos meus *flatmates* brasileiros e mandar para minha amiga, em Brasília, junto com uma carta que escrevia há vários dias contando que eu era, de fato, tão feliz quanto planejava ser em Londres, onde eu tinha ido morar. Queria convencê-la a migrar também e pedia notícias de pendências afetivas deixadas na capital. Telefonar era caro, tínhamos de passar pela Embratel, além de relevar o *delay* que descompassa o ritmo necessário para o prazer de qualquer conversa. Eu tinha um e-mail que usava para trabalho, uma coisa aqui, outra ali. Mas teria de ir a uma *lan house* para acessá-lo em uma lenta internet discada. E não daria para mandar as fotos, o que diminuía fatalmente meu poder de persuasão. Além disso, naquela época, eu não concebia falar de coisas tão caras e importantes, como sonhos, alegrias, descobertas, fofocas e saudade, de uma forma tão sem cerimônia e descontrolada, assim me parecia. Fiz um envelope gordo com 20 fotografias e uma carta de várias páginas contando as aventuras de minha nova vida, escrevi o endereço no envelope, selei e confiei no mensageiro. Há apenas 20 anos, essa era a melhor maneira de falar de mim e saber dela.

Teria sido triste se essa correspondência tivesse se extraviado. Já outra carta, anos depois, para essa mesma amiga, não teria feito mal em desaparecer. Ela já disse, para me torturar, que a mantém na carteira para, em caso de necessidade, invocar tristeza ou chorar de raiva. Se for pensar, depois de escrita, chegando ou não ao seu destinatário, a carta, por sua própria existência, tem o poder de mudar o destino.

Sempre escrevi cartas. Muitas nunca enviei. A maioria foi escrita justamente para não precisar dizer, apenas pelo alívio imenso de saber que existem as palavras que diriam. Sempre me admiro ao constatar como qualquer alteração mínima no texto, uma palavra que se decide subtrair, uma oração propositadamente mal pontuada, a escolha por uma letra minúscula, até um erro de digitação interferem na mensagem quando estamos emocionados. Uma amiga diz que é grave colocar um ponto depois do "beijo". Uma outra diz que gosta de ser nomeada, ler seu nome escrito no decorrer da mensagem do outro. Sou muito boa para homenagear e melhor ainda para brigar por carta, embora não tenha sido tão bem-sucedida nas tentativas de reconciliação escritas. Nesse caso, parece que preciso do calor dos meus olhos e braços. Todo mundo que já amei tem ao menos uma carta minha e ninguém jamais conquistou meu coração sem me deixar ler suas palavras. Isso não é original, as cartas têm uma história longa e importante. Muitas relações antológicas não existiram de outra forma.

Por isso, concordo com você que é imenso o poder do carteiro. Estivesse a carta que escrevi para minha amiga no lote do carteiro infiel, ela não teria ido, afinal, morar em Londres, e esse fato microscópico teria mudado o mundo que é a minha vida e a vida dela e qualquer vida.

Sempre tive preguiça da nostalgia que não se refere a nós mesmos, aos nossos ideais, à própria vida vivida. Dessa nostalgia de "outros tempos" não gosto nem quando concordo com ela. Mudamos nós, mudam o planeta, a sociedade, as cidades, os costumes, é assim que é. Papiro, pergaminho, papel, WhatsApp. Viver no tempo em que estamos e tentar interferir no que virá. Tentar o retorno ao que já foi me parece uma aberração, além de ser impossível.

O telefone celular, a internet, as redes: e o mundo se reconfigurou irremediavelmente. Hoje, para que a mensagem de frei Lourenço não chegasse a tempo de impedir o envenenamento de Romeo, Shakespeare teria de inventar um apagão do WhatsApp. Já Anna Karenina ainda poderia ter cumprido seu destino literário nos trilhos do trem se Vronsky tivesse visualizado e não respondido sua mensagem. O sofista grego Libânio, que definiu a carta como "um colóquio de ausente a ausente", hoje teria de reformular.

Sua carta me fez pensar que o carteiro que a trouxe até mim foi o mesmo que provocou nosso encontro. E que talvez ele leia esta mensagem antes de te entregar e saiba, antes de mim, a próxima palavra que vou usar. Ele também pode replicar uma mensagem indefinidas vezes e entregar em quantos endereços quiser. E pode escolher esses endereços. É muito poder. Talvez estejamos mesmo vivendo o colapso do nosso mundo, como você escreveu. Com a alma que vendemos alegremente embrulhada nos nossos dados. Mas, oxalá, nosso velho mundo não seja o único.

Acho um erro simplificar a internet e as tecnologias digitais como ferramentas, apenas. A adesão a elas nos impôs uma nova forma de estruturar o pensamento, fundou outra linguagem com a qual, como não poderia deixar de ser, fazemos cultura. Se nossas estruturas serão capazes de suportar o fluxo absurdo da mudança brutal provocada por esse novo sistema de pensamento, ainda não sabemos. A democracia, para ficar no exemplo mais à mão, sentiu o golpe.

As instituições terão de ser refeitas, mas acho que essa é a parte inevitável. Já nossos sentimentos e emoções me preocupam mais.

Na perturbadora novela de Henry James, *A fera na selva*, John Marcher pergunta para May: "O que salva você?". Em tantos contextos me coloco a mesma questão. E nesse, que você traz em sua carta, não imagino resposta que não passe pelo que há de mais humano em nós. O corpo. Nossa capacidade de amar.

Sabe, Jamil, em um momento duro do *lockdown* aqui na Itália, em um dia especialmente difícil para mim, quando todas as minhas forças reunidas não eram suficientes para virar de um lado para o outro no sofá, recebi uma mensagem pelo Messenger do Facebook. Era uma mulher que nunca vi. Sei que mora em Recife, é bem-humorada, inteligente, tem o coração no lugar certo e gosta das coisas que eu escrevo. Em nossas rápidas interações públicas é sempre carinhosa. Pois nesse dia, ela sentiu falta dos meus escritos e resolveu me deixar saber disso. Perguntou se estava tudo bem, desejou força e coragem para uma desconhecida. Ainda pelo celular, ali mesmo, onde estava, escrevi sobre aqueles dias desafiadores. Agarrei a boia de ternura que essa mulher jogou de tão longe, emergi, voltei a respirar. Ela não sabe, mas, naquele dia, ela me salvou.

Antes da pandemia, outra mulher que nunca vi me encontrou em um grupo feminista do qual faço parte e pediu que eu "usasse meu privilégio branco" para ajudá-la a conseguir uma médica que a atendesse sem cobrar. Usara tudo que tinha para fazer um aborto, mas alguma coisa não andava bem e ela passava muito mal. Ao tentar atendimento no SUS, fugiu ao perceber que seria denunciada. Eu e três amigas – uma em Madri, outra em Berlim, a terceira em Paris – conseguimos, no fim daquele mesmo dia, uma médica no Rio e nos juntamos para pagar os custos. Isso não seria possível antes da internet. Ela disse que nós a salvamos. Eu digo que ela nos salvou também ao nos comover e convocar. Somos tão seduzidos por essas tecnologias porque os sentimentos escoados por elas – equivocados, hipertrofiados, manipulados, não importa – são reais. E, enquanto pudermos amar, nos comover e nos revoltar, poderemos encontrar saídas para esse aprisionamento que tememos. Podemos, quem sabe, aprender a usar as redes depois de termos sido tão usados por elas.

Porque temos o corpo. Esse que "treme como tremia antes da fundação de Roma e depois", descrito na poesia da Wisława Szymborska. Porque as tecnologias digitais permitem a expressão do corpo simbolizável que é capaz de subverter o tempo-espaço, participar de uma reunião do outro lado do mundo, assistir a um dueto da Mônica Salmaso na cozinha de casa, conectar-se com outro corpo, em qualquer parte do mundo onde ele esteja. Mas o corpo não é apenas meio de expressão. É no corpo que dói a saudade e se acende a alegria.

Em *A pele como litoral*, organizado pelo Christian Dunker, lemos uma distinção entre aquilo que é do corpo, em psicanálise, no sentido simbólico, aquilo que é do organismo no sentido imaginário e o que é da carne. Uma das minhas reflexões provocadas pela pandemia foi que, embora a internet dê conta das duas primeiras representações, ainda que tenhamos inventado formas novas de nos mover e de nos contar e de continuar girando a roda dos nossos sistemas de produção, não há vazão para a carne nisso que chamamos virtualidade. Segundo Dunker, para aquilo que é a nossa própria experiência impossível de corpo. O indizível de ser olhado, o que sente o corpo no espaço, no deslocamento, no gesto, na percepção física do corpo do outro, tudo aquilo que nos dá um corpo para além deste que somos capazes de dizer e, inclusive, inscrever na fantasia.

Não sei se a tecnologia será capaz de solucionar essa questão. O que não tem linguagem que exprima não pode virar código, programa, aplicativo, não pode ser manipulado pelo algoritmo. E talvez seja essa dimensão do corpo, afinal, o que vai nos salvar da distopia de um mundo filtrado, higienizado, mercantilizado, manipulado e conformado pelas telas.

Espero que sim.

Conto com a insubordinação da carne e com a subversão do amor. O assustador, para mim, companheiro, é que talvez não.

Com esperança de que esta carta
leve até você o calor do meu afeto,

Juliana

Vamos?

Brasília, 25 de julho de 2022

Querido Jamil,

Escrevo do Brasil. É a primeira estada longa das crianças desde antes da pandemia, que, por aqui, terminou à revelia dos números e dados, assim como começou. A paisagem familiar é perturbada apenas pela visão de uma máscara ou outra no caminho. E pela fome – que é da categoria das coisas que é preciso que o corpo testemunhe para que a gente, de fato, entenda. Se não a dor e a humilhação, ao menos o absurdo e a urgência.

No aeroporto de São Paulo, durante a conexão, um rapaz surdo nos entregou, tão displicente e sem esperança e tão distante de nós quanto nos semáforos, o papelzinho xerocado pedindo dinheiro. Nas três horas que passamos em Guarulhos, quatro pessoas nos abordaram pedindo o mesmo. Pagamos o lanche para um menino. Diante dos outros pedintes, a surpresa das crianças e o meu mal-estar. Para meus filhos, o Brasil é uma paixão idealizada e muito bem recompensada, além de qualificada por seu caráter eventual. Eles gostam de ser brasileiros, é um aspecto importante e misterioso da autoestima deles, embora mal tenham experienciado isso. Na maior parte do tempo, vivendo em Roma, ser brasileiro é ser estrangeiro. Estavam ansiosos pelas férias, por serem brasileiros no Brasil, e eu sentia um constrangimento imenso pela rudeza com que meu país os recebia, logo na entrada. Antes mesmo do abraço na avó, o Brasil já os prevenia de que é tão hostil quanto pode ser um lugar onde há gente com fome.

Dias atrás, em um mercado caro, duas moças, aparentando mais idade do que certamente tinham, pediam, impacientes, que eu lhes pagasse as compras da cestinha. Eu já havia pagado a conta de um senhor de aparência empregável pelo sistema, calça social, sapatos, camisa, olhos vermelhos e neófitos do pedir. Quando me abordou, sussurrando, eu ia dizer que também estava fazendo a conta dos itens que colocava no carrinho, o que era verdade, os números agora são grandes, Jamil. Mas fiquei com vergonha do queijo e da cerveja contra o macarrão e o leite do senhor. Já do lado de fora, entreguei o arroz que havia prometido para a mocinha que me abordou na chegada, bebê no colo, um dos olhos fechado no que parecia uma terrível picada de inseto. Estava tão agradecida. Quanto mais ela sorria, mais pressa eu tinha em empurrar minhas compras e minha vergonha. Ela perguntou se eu queria que levasse o carrinho, meu deus do céu, não, vá para casa, cuide dos seus olhos e desse bebê, o arroz é uma esmola e ninguém nesse mundo deveria esmolar.

Tenho a impressão de que nossos compatriotas não sentem da mesma forma o intolerável da fervura porque acompanharam a temperatura subindo, grau a grau, infâmia a infâmia. Mas, para quem retorna, depois de um ano, o país parece arruinado. Aonde quer que se vá há gente de cabeça baixa e olhos de fome. Lembrei-me de uma viagem ao Camboja. Em Phnom Penh, os turistas evitam as mesinhas da calçada que ficam, literalmente, às moscas.

Preferem os terraços de onde podem ver o encontro do Mekong com o Tonle Sap por cima dos miseráveis enquanto tomam seus drinks e comem bem sem preocuparem-se com o preço sempre barato para seus dólares ou euros. Embaixo, os pobres e mutilados são parte incômoda e quase evitável da paisagem, detalhe periférico nos relatos sobre as magníficas ruínas de Angkor. Caminham desviando dos que pedem, como se de buracos na calçada, nem sequer reparam, desviam rápido o olhar, não se implicam, estão de férias. Eles, os turistas, nós, sempre os sonsos essenciais de Clarice Lispector.

Uma tarde, ao sair de um desses restaurantes, uma moça franzina e furiosa, sempre com um bebê no colo, teve força para segurar meu companheiro pelo braço e arrastá-lo para dentro de uma venda. Pegou uma caixa de leite e, com o olhar, nos ordenou que pagássemos, batendo com força a caixa no balcão. Saiu antes de nós. Sem agradecer, graças a deus.

Aqui em Brasília, o motorista de aplicativo diz que está assim no mundo todo. Escutei isso muitas vezes por esses dias. É um pensamento desmobilizador e conveniente, mas é mentira. Está assim no Brasil, talvez no Camboja. Não está assim na Itália, tampouco na Suíça. A miséria também não alcança a Faria Lima, a Vieira Souto ou os terraços de Phnom Penh. Os que habitam as coberturas continuam lá. São sempre os inquilinos dos andares de baixo os expulsos para a rua.

Nosso país vai mal, Jamil. Enquanto uma capciosa e subterrânea propaganda, escoada do Palácio de Planalto, aliena e convence uma parte relevante do povo, mesmo o que sofre, a fazê-lo pior. Não sei até que ponto quebramos, mas envergamos perigosamente a espinha. Porque não é apenas contra o Estado a ofensiva do governo, mas também contra a brasilidade.

Eu gosto da distinção que o historiador Luiz Antônio Simas estabelece entre o Brasil e a brasilidade. Enquanto o primeiro é um projeto bem-sucedido de ódio e exclusão, o segundo é o caldo de cultura engendrado nas fissuras do Brasil institucional, difícil de definir, mas expresso no samba, no frevo e no carimbó, nos versos do Gil e na poesia do Drummond, na religiosidade sincrética do povo e no seu ateísmo místico, nas celebrações e nos rituais, na praia, no terreiro, nos diminutivos da linguagem e no dito popular, no jeito de chegar sorrindo, no café coado e na temperatura aloucada da cerveja, no corpo receptivo ao toque e sensível à dança, no arroz e feijão e no hábito de reunir vários alimentos diferentes no mesmo prato. Até o brasileiro que menos participa desses ritos é bordado com a mesma linha da brasilidade.

A brasilidade é o escudo que construímos contra a opressão colonial, nosso símbolo maior de resistência, o laço que forjamos para reconstruir as identidades fragmentadas pela diáspora da qual é feito nosso DNA. Isso que não cabe nas cores básicas demais da bandeira e em nenhum patriotismo boboca, que não se exprime na pretensão do hino nacional nem em *slogans* sem poesia como "ordem e progresso" ou "Brasil acima de tudo".

Não sei bem como defini-la, mas sei que a brasilidade é nossa mais forte experiência de coletividade nesses trópicos e que está sendo mutilada por esse movimento de vandalismo institucional, sem vergonha e de ambição fascista que chamamos bolsonarismo. Já não nos parecemos conosco mesmos, Jamil. Isso é imperdoável. Por isso, como na poesia de Neruda, para os que salpicaram a pátria de sangue e para os traidores que ascenderam sobre a infâmia: peço castigo. Não apenas como punição, mas como imperativo de futuro.

É bonito o entendimento das culturas de terreiro de que o contrário da vida não é a morte, mas o desencanto. De férias com meus filhos, enquanto tento lhes explicar as contradições desse país amado e preencher seus currículos gringos com a história (da injustiça) do Brasil, me dedico a extrair a festa possível de cada hora. Quero encantá-los. Porque a alegria desbota o ódio com o qual o Brasil institucional tenta domesticar nossos corpos dentro do moralismo do pecado, servil ao capital e ao trabalho, submisso à reprodução e à virilidade masculina.

Para meus filhos, sobrevive no relicário do afeto a terra das palmeiras e dos sabiás que meus olhos já não reconhecem. O Brasil é o lugar onde as mangas são sempre doces, existe banho de piscina no inverno e tudo de beber é gelado. Eles se esforçam para apreender nossos molhos e recheios, a textura da massa podre da empada, o susto magnífico do torresmo, o todo-dia do feijão. A música sempre alta, a dança sempre que há música. Outro dia, Anita disse que "todos os impossíveis acontecem aqui", e eu pensei que talvez sua experiência de brasilidade não seja assim tão pequenina.

Logo que chegamos, levei os dois para um festival cultural. Em um pequeno palco, uma atriz extravagantemente vestida fazia as vezes de uma diva de cinema. Senti ternura ao ver as crianças morrendo de rir com um esquete tão brasileiro, entre trapalhão e escatológico, dessas coisas bestas das quais gostamos de rir talvez pela identificação com o desajeito, o azar e o vexame. Gael com um enorme pastel de queijo, Anita com um potinho de açaí, tão exóticos pareciam em suas mãos. Nas tendas de artesanato, todo mundo mexe com elas, mas não da maneira *carina* que os italianos têm de abordar as crianças, mas com certa ginga e malícia que o brasileiro não renuncia mesmo com as pequenas. Os acentos e os modos de falar são infinitos em Brasília, o vocabulário de palavras misteriosas, as referências, os chistes, as gírias, as crianças têm dificuldade de entender. Quando entendem, costumam me olhar e vejo o Brasil flamejar nos olhos delas. E cada vez que saímos de um desses comércios levamos algo, mesmo quando não compramos nada.

Eu tenho uma fotografia do Gael no clube, com 7 anos, em outro inverno passado aqui. Ele está em cima de uma árvore e, com um galho nas mãos, tenta resgatar a bola que ficou presa na copa. Embaixo dele, três meninos torcem pelo sucesso da empreitada. Gael passara o dia brincando com eles. Exausto, já de noite, no silêncio do carro, fez uma das perguntas mais sentidas que já escutei na vida. "Mamãe, é verdade que tem amigos que a gente só vê uma vez?".

Essa é a agonia e a beleza dessas voltas para casa. Vivemos cada encontro como o único. A saudade dói já na chegada, sabemos da falta e, talvez por isso, sintamos tanto amor.

Toda semana festamos na casa de alguém. De longe, escuto a música, as risadas, reparo na quantidade de abraços, beijos, toques, cheiros. Descanso nas histórias que só podem ser contadas no português daqui, meu máximo deleite. Nunca vi crianças mais bagunceiras do que as nossas. Gael e Anita, depois de uma semana no Brasil, se comportam como cauboís ou selvagens, de todo modo, foras da lei. Felizes.

De perto, na conversa particular, ninguém está bem. A depressão cívica parece se manifestar em sintomas físicos e atrair todo tipo de infortúnio. Tudo é caro. Todo mundo esteve ou está doente. Ou desempregado. Ou endividado. Preocupado. Deprimido. Com medo. Puto. Está difícil viver por aqui, e esse lugar de fala é o dos privilegiados. Mas meu amigo enxuga os olhos no meio do desabafo para cantar o Fundo de Quintal que começou a tocar na caixa de som. Eu canto com ele. Outras pessoas cantam e, de repente, somos todos. As crianças percebem que ali acontece um poderoso ritual de brasilidade e também chegam. Por alguns minutos, adoramos ser quem somos. Acho que essa é uma definição bonita para brasilidade.

Na manhã seguinte a uma dessas festas, eu dirigia pela estrada que dá acesso ao jardim botânico, nada especial, um descampado dos dois lados e um resto de cerrado esturricado de julho. Gael, que aos 10 anos já passou por mais de 20 países, fala, como quem pensa alto: "O Brasil é tão lindo".

Não sei o que ele percebia quando disse a frase, mas acho que sim, querido amigo. O Brasil é lindo. Vamos tomá-lo de volta. Ou tomá-lo, enfim. No sistema em que vivemos, a via é política, eleitoral e democrática. Por isso, a roda, a festa e a alegria. Certamente a revolta, oxalá a revolução. Carinho para segurar o rojão. A urgência. O tesão.

Temos falado muitas coisas por aqui, mas a gente devia se ver, Jamil. Do que aprendi durante nossas trocas, no quente desse tempo extraordinário em que tudo nos afasta – pandemia, guerra, crise econômica, bolsonarismo, redes sociais –, quero ser presencial.

É no encontro que a brasilidade ou qualquer outra identidade se faz. O escritor Roberto Moura dizia que não foi o samba que deu origem à roda, mas a roda que inventou o samba. O ser humano pode ser muito sombrio sem a roda, e acho que as redes têm desencantado as gentes.

Mas a esperança, essa espera com asas, é que já começamos a inventar a roda também pelas redes, às cotoveladas com *fake news*, algoritmos e discursos odientos. Aqui e ali, aqui e aí, produzimos beleza, cultivamos afeto, organizamos a revolta. Talvez a revolução possível passe mesmo por aí. Mas antes – ou durante e depois – deve passar pelas ruas, pelas rodas, pelas fossas. Pelas luas, pelas lutas. Pelas urnas. Por uma *passeggiata* em Genebra enquanto ainda está quente ou um *espresso* lá em casa quando você quiser.

Um beijo,

Juliana

Genebra, 19 de julho de 2022

Querida Juliana,

Aceito tua convocação para a rua, para a luta, para a Lua. Recebo como um prêmio e celebro teu generoso convite para um café, um aroma que faz parte do que meus sentidos identificam como lar. Mas um aroma que também fez parte da construção de um Brasil que, hoje, me pergunto se faz sentido.

Sim, você tem toda razão. Após dois anos de pandemia e do desmonte de tantas certezas, precisamos do encontro inclusive para saber quem somos, quem de fato amamos e quem não queremos ao lado.

Nas 10 cartas que recebi de você ao longo deste tempo, um dos trechos que mais me emocionaram foi quando você, nesta última, chamou o pai dos teus filhos de companheiro. Não era o marido, o homem nem o esposo. Mas o companheiro, uma palavra que eu considero como mágica. Um termo do latim que designa aquele com o qual queremos dividir o pão: *com-panis*. Ou *compaignon*, no francês antigo.

Cortar o pão pelo meio e repartir com aquele que importa para nossas vidas. Dividir o alimento. Dividir o desafio da sobrevivência.

No caso brasileiro, porém, acredito que o momento seja de encarar uma realidade que por décadas tentou-se negar, adiar ou esquecer. O Brasil não carece de um reencontro, como alguns sugerem. Do que ele precisa de fato é se encontrar, provavelmente pela primeira vez. Precisamos forjar a ideia de compartir o pão e o destino.

Fico pensando: como um país que nasceu do estupro, da escravidão, da busca pelo lucro da metrópole, do coronelismo, do abandono e da violência batiza seu "caráter nacional"?

Um país que cresceu com o gosto de sangue, com os estilhaços de carne chicoteada e o cheiro do trabalho forçado. Um país que se tornou adulto banalizando a violência e que, 200 anos depois de sua suposta independência, viola seus cidadãos com a mesma facilidade com que destitui seus filhos do futuro e trai sua promessa de sol.

Um país cujo termo que designa a nacionalidade – o "brasileiro" – vem de uma atividade econômica de exploração de recursos naturais. E não uma cultura ou etnia.

Tua carta me fez pensar nos próximos passos, e a verdade é que nossa geração tem uma responsabilidade imensa. Ou agimos e evitamos uma implosão. Ou entraremos para a história como aqueles que optaram pelo silêncio diante da destruição.

Outro dia, aqui em Genebra, ouvi de uma antropóloga estrangeira um lamento sobre o Brasil que me chamou a atenção. "O primeiro projeto de uma nação global fracassou", ela suspirava. Será que era essa a esperança quase ingênua do mundo em relação a nós?

Diante de tudo o que você constata em tua estadia em nosso país e diante do terremoto social, eu tenho a firme convicção de que o Brasil não pode se reinventar. Ele precisa, finalmente, se inventar.

Sabe, Juliana, meus filhos têm as mesmas sensações que tomam os espíritos de Gael e Anita quando vão ao Brasil. Marc me diz que, no Brasil, tudo vem em abundância, do tamanho do beijo da avó, passando pela vasilha com a feijoada, às trombas de chuva. Pol se esbalda no suco de melancia e na água de coco, misturados com picolé, esfirra de carne e húmus.

Mas esse é mesmo o Brasil de todos? Ou principalmente daqueles que herdaram os benefícios da escravidão, da exploração e da arquitetura que chega a desenhar apartamentos com cubículos para as domésticas? Esse Brasil insustentável chegou ao seu limite.

Há poucas semanas, me deparei com um documento confidencial enviado por relatores da ONU ao governo brasileiro desmontando o mito de que o país é acolhedor. Para os nossos filhos, festa e pão de queijo. Para refugiados e imigrantes africanos, haitianos, venezuelanos e bolivianos, o desprezo e a xenofobia.

Precisamos urgentemente de um processo de reconciliação. Um caminho que não repita o teatro montado por alguns países que optaram pela impunidade. E, em seu lugar, estrearam obras e espetáculos midiáticos para dar voz às vítimas como protagonistas.

Precisamos ir além do que fizeram os sul-africanos, os guatemaltecos e outros que, depois de décadas de injustiças, montaram comissões de reconciliação e verdade com a função de restabelecer os fatos. De designar as vítimas e os opressores.

Fundamental para a busca pela verdade? Certamente. Revolucionárias até para a construção de democracias e da busca por estabilidade.

Ao longo do tempo, porém, ficou provado que o exercício é insuficiente para fechar feridas. O perdão é necessário e pode ser o preço da paz social imediata, traduzido em anistias amplas.

Mas corre o risco de perpetuar a impunidade, além de criar o sentimento, por parte das vítimas, de que seu sofrimento foi alvo de uma barganha política.

No Brasil, o genocídio indígena, a escravidão de séculos e seus ecos no século XXI, a opressão de diferentes governos e a teimosa disparidade social se acumulam hoje em um país incapaz de superar seu passado. E, portanto, de construir seu futuro.

Mais recentemente, perdemos quase 700 mil irmãos, pais e amigos. Vamos repetir o modelo fracassado de colocar uma pedra e fingir olhar para frente, de novo?

O nosso processo de reconciliação nacional terá de vir com justiça, ações afirmativas, uma revolução no ensino e uma insurreição das mentes. Ou então ele não existirá.

Já vimos que anistias não colocam um ponto-final no pesadelo. Tampouco podemos aceitar a noção de que precisamos "virar a página". Nossa história deve ser lida e relida para que cada geração saiba quem ela é.

Mais de 70 anos depois da derrota de Adolf Hitler, a Alemanha continua seu processo de desnazificação. Diariamente. Ali, não está em jogo o passado. Mas o futuro.

Sem lidar com os crimes que formaram o Brasil, monstros voltarão. O que chamamos hoje de bolsonarismo já teve outros nomes. Todos eles trazem armas nas mãos e o ódio nas consciências.

Ao optarmos sempre pelos atalhos, deixamos feridas expostas. Desbolsonarizar o Brasil, portanto, não virá apenas com as urnas. Para isso, teremos de enfrentar seus principais pilares e motivações.

Juliana, ao longo dessa troca de cartas, você foi minha companheira mais leal nessa tentativa de olhar para o Brasil aqui do estrangeiro. Tuas palavras serviram de bússola, lupa e telescópio. Sim, chegou a hora do encontro. Da força dos corpos e da energia das mãos dadas que, depois de alguns segundos, passam a coordenar a batida do coração daqueles entrelaçados em seus destinos.

Ocupemos as praças, os locais de votação, as festas, os bailes, as ruas, as assembleias, as igrejas, os coretos. O coração pulsa.

O chão no Brasil treme. Seja pelo forró que brota da terra, pelo grito de gol na arquibancada, pelos protestos ou pela violência. Mas ele sempre treme. Um país que chacoalha com o imaginário do planeta.

A reconciliação como política de Estado e objetivo de uma sociedade terá de usar armas poderosas como a verdade, a igualdade e a justiça. Só assim teremos, finalmente, um encontro e uma identidade múltipla e resiliente.

Em muitos aspectos, a independência do país nunca ocorreu. Ela não virá de um tratado internacional pelo qual compensaremos os colonizadores nem de um desfile militar. Ela existirá quando um povo inteiro souber que conta com direitos e que o destino individual não está acorrentado.

A descolonização de uma sociedade e a invenção do Brasil estão em nossas mãos. E somos muitos.

Vamos, Juliana?

Jamil

Este livro foi composto com tipografia Adobe Garamond Pro
e impresso em papel Off-White 90 g/m² na Formato Artes Gráficas.